Manfred in der Beeck
Der Zwang zu stehlen

Manfred in der Beeck

Der Zwang zu stehlen

Psychologische, soziologische und juristische Aspekte der Kleptomanie

1991

BOUVIER VERLAG BONN BERLIN

Redaktion: Michael Farin

Die Deutsche Bibliothek - CIP-Einheitsaufnahme

Beek, Manfred in der:
Der Zwang zu stehlen : psychologische, soziologische und
juristische Aspekte der Kleptomanie / Manfred in der Beek. -
Bonn ; Berlin : Bouvier, 1991
ISBN 3-416-02263-7

Inhalt

Ladendiebstahl
Symptom der Zeit?

Zu diesem Buch

Seit Einführung der Selbstbedienungsläden ist die Zahl der polizeilich gemeldeten Ladendiebstähle sprunghaft gestiegen. Waren es 1963 „nur" 43 325, sind es 1986 fast 430 000. Und die Tendenz ist weiter steigend.

Bei einer Dunkelziffer von 1:10 läßt sich unschwer ausrechnen, wieviele Bundesbürger sich auf diese Weise bereits strafbar gemacht haben. Angehörige aller Schichten, Arbeiter, Akademiker, Hausfrauen und Studenten sind die Täter.

Motive für die Diebstähle gibt es viele, so dient Stehlen nicht allein der Bereicherung, sondern läßt sich etwa auch als sexuelle Ersatzhandlung oder als emotionale Entlastungsreaktion deuten. Diese Motive sind zumeist jedoch nur schwer zu eruieren. Und nicht nur das: Der mit dem Ladendiebstahl eng zusammengehörige Begriff Kleptomanie ist äußerst umstritten, da die Grenzen fließend sind. So ändert sich die Einschätzung dieses Sachverhalts denn auch mit jeder neuen Publikation.

Dabei ist *Kleptomanie* ein Fremdwort, das praktisch jeder kennt. Kinder und Jugendliche verstehen darunter „klauen". Heranwachsende und Erwachsene wissen, daß es „stehlen" bedeutet. Sie alle halten „Diebstahl" für etwas, das strafrechtlich zu ahnden ist. „Man" ist kein Dieb, wenngleich unerlaubtes Wegnehmen bisweilen nur als „Dieberei" verstanden wird. Auch das „Organisieren" während der Kriegs- und Nachkriegszeit und vom Militär geläufig, wird davon unterschieden.

Dennoch hat dieses Bewußtsein unerlaubten Handelns nicht verhindern können, daß der Ladendiebstahl zu einem Massendelikt geworden ist, möglicherweise verstärkt durch einen deutlichen Wertewandel innerhalb der Gesellschaft. So haben die Justizminister verschiedener Bundesländer ihren Staatsanwälten, insbesondere bei Ladendiebstählen, empfohlen, die Strafverfolgung im Falle ‚geringer‘ Schadenssummen gegen Auflagen einzustellen. Nordrhein-Westfalen beispielsweise (ebenso Schleswig-Holstein) setzt 100 DM als oberen Grenzwert ein, da Delikte dieser Größenordnung „noch sozialverträglich" seien.

Der Bundesjustizminister hält dagegen: „Kleinkriminalität ist auch Unrecht", und auch der Richterbund wehrt sich gegen den 100 DM-Erlaß, nach dem Vermögens- und Eigentumsdelikte bis zu dieser Höhe in der Regel sanktionslos bleiben sollen. Zugleich aber klagen die Richter über extremen Termindruck, der sie vielfach den Weg des geringeren Aufwandes gehen ließe, was dann gleichermaßen zur Einstellung von Verfahren führt.

Ein weiteres Indiz für den Wertewandel ist es, wenn ein Strafrechtler und Rechtsphilosoph anläßlich seiner Antrittsvorlesung vor der Juristischen Fakultät der Hanseatischen Universität vorträgt, daß „Schwarzfahren nicht kriminell" sei, sondern nur einen „unfairen Mißbrauch" darstelle. Seine Thesen wurden zudem von der Universitätspressestelle (gegenüber AP am 14.5.1986) unterstützend erläutert.

Die Medien verstärken diesen Trend. Ein Beispiel sei angeführt. Am 25.11.1985 sendete der Norddeutsche Rundfunk unter dem Titel „Ladendiebinnen – ist Klauen eine Lust?" anarcho-lüsterne Selbstschilderungen von Frauen. Originalton: „. . . aufregend . . . diebisch gefreut . . . zu schauspielern imstande . . . um mich zu beschenken . . . starkes Lustgefühl (Pelz) nach dem Stehlen . . . es fehlte mir ein Lusterlebnis . . . ich wollte ein besseres Lebensgefühl . . . spontan . . . der Reiz . . . ruhig weggegangen, langer Nervenkitzel, Triumphgefühl . . . als ich geschnappt wurde: große Wärme im Körper . . ."

Ladendiebstahl – also eine Zeiterscheinung? Kein Tag vergeht ohne Meldungen über mehr oder weniger bekannte Personen, die sich dieses Deliktes schuldig gemacht haben. Das Symptom der Massen wird zudem in Steigerungsraten der Jahresstatistiken und saisonbedingt („Auch Ladendiebe machen Urlaub") hervorgehoben. Natürlich wird es, bei aller Nüchternheit der Mitteilung, gerne auch pikant verpackt serviert. Daß der Täter „Pech hatte" und gefaßt wurde, schreiben Zeitungen mittlerweile nicht nur beim kleinen Diebstahl, sondern sogar bei der „Selbstbedienung" in der Sparkasse oder Bank. Ein (pseudo-)liberaler Zeitgeist ermuntert, die Dinge anders zu bewerten als gewohnt. Dabei wird das Gewissen als Anwalt der Moral verdrängt, Hemmungen werden hintangestellt, ja übersprungen, und am Ende geschieht das Schlechte sogar noch mit gutem Gewissen.

Die Zunahme der massenhaften Diebstähle in Supermärkten und Kaufhäusern rückt den Tatbestand der Kleptomanie dabei eher an den Rand der Betrachtung. Die Justiz schafft sich Kleinigkeiten gerne beiseite, und die Diskussion lebt auf, ob Ladendiebstahl nur noch als Ordnungswidrigkeit bewertet werden soll. Das geltende Strafrecht sei „zu kapitalistisch", der Schutz des Eigentums werde zu hoch geahndet. Den großen Handelsunternehmen geschehe es im Grunde ganz recht, da dem Bürger im „Selbstbedienungsladen" bereits semantisch der Griff vom Regal in die eigene Tasche nahegebracht werde.

Wie sollen wir aber zu verbindlichen Auffassungen kommen, die jedem verständlich und einleuchtend sind, wenn selbst in unserem derzeit vorbildlichen Rechtsstaat „Rechtsunsicherheit" um sich greift. Es ist denn auch bemerkenswert, daß die – immer ihre Unabhängigkeit betonenden – Staatsanwälte nicht gegen die unterschiedlichen Richtlinien der verschiedenen Bundesländer protestiert haben.

In Berlin gilt, daß auch bei Diebstahl von Waren im Werte von weniger als 10 DM regelmäßig Anklage erhoben werden muß. Rheinland-Pfalz stellt bis zum Schaden von 50 DM die Verfahren schlicht ein, Niedersachsen mit Auflagen bis zu 100 DM, Bremen geht am weitesten und stellt sie bis zum 100 DM-Wert des im Laden weggenommenen Stehlgutes bedingungsfrei ein.

Doch ob sich ein Wertewandel vollzieht oder nicht, die Respektierung der Rechtsordnung bleibt an das Emotionale gebunden und kann nicht nur vom „Gegenstandswert" abhängig gemacht werden. So ist erst einmal die Frage nach dem Unterschied zwischen Ladendiebstahl und Kleptomanie zu klären, das heißt, den Blick zu wenden und die Entwicklung des „Stehltriebes" zu verfolgen.

Mit seiner bedeutsamen Arbeit *Der Stehltrieb oder die Kleptomanie* hat Gerhard Schmidt bereits 1939 die „Geschichte der Kleptomanie, d. h. des Stehltriebs in allen Einzelheiten" (F. J. Krause) dargestellt. Weitere wichtige Arbeiten finden sich im *Zentralblatt für die gesamte Neurologie und Psychiatrie*, ebenso in der *Monatsschrift für Kriminologie und Strafrechtsreform*, in der Krause 1963 über *Ladendiebstahl und Zurechnungsfähigkeit* schrieb und Lucian Floru 1974 den Begriff des „*pathologischen Stehlens*" behandelte.

Ob „Diebstähle ohne Bereicherungstendenz" als *ein* psychopathologisches Syndrom zu werten sind, haben B. Pauleickhoff und D. Hoffmann zur Diskussion gestellt. P. H. Bresser hat im Fachjournal *Fortschritte Neurologie Psychatrie* mit dem grundlegenden Aufsatz „Diebstähle ohne Bereicherungstendenz – *kein* psychopathologisches Syndrom" diese Diskussion vorerst abgeschlossen.

Von FORENSIA, der interdisziplinären Zeitschrift für Recht – Neurologie, Psychatrie und Psychologie, erschienen nur einige Hefte. Wolfgang de Boor berichtete in ihr über typische und atypische Motive beim Warenhausdiebstahl, bevor er die Tiefenmotive bei Eigentumsdelinquenz als „Obsessionsdelikte" zusammengefaßt hat.

Bemerkenswert ist, daß die Autoren der grundsätzlichen Arbeiten aus der Schule von Kurt Schneider stammen. Der Nestor der gegenwärtigen Psychopathologie Gerhard Schmidt schrieb seine inhaltsreiche, kurzgefaßte Geschichte der Kleptomanie unter seinem Direktorat.

Meine erste Assistentenzeit habe ich 1947 in der Psychiatrie bei Gerhard Schmidt in Lübeck – Krankenhaus Ost (heute Medizinische Hochschule) verbracht. Als anläßlich seines 75. Geburtstages seine früheren Mitarbeiter in großer Zahl an den Emeritus-Sitz am Ratzeburger See kamen, wurde der Vorschlag gutgeheißen, die „*Kleptomanie*" in der schillernden Vielfalt der Symptomatik aufzubereiten und hierzu die nur wenigen bekannten Arbeiten aus dem *Zentralblatt* und der *Monatsschrift für Kriminologie und Strafrechtsreform* auszugraben. Von den dort analysierten Handlungen kennt die „Wirtschaft", inzwischen mit 2–3 Milliarden DM allein in den westlichen Bundesländern betroffen, nur die Folgen.

Erstmals intensiv mit dem Phänomen „Kleptomanie" konfrontiert wurde ich durch den Fall des Staatsanwaltes „Dr. FAKT". Dieser hatte aus einem Laden ein Wäschemittelpaket zum Jubelpreis von 10,95 DM mitgenommen. Ein rechtsmedizinischer und ein psychiatrisch-psychologischer Sachverständiger wurden gehört. Es erfolgte Freispruch nach und mit viel Diskussion. Mein Ausspruch im mündlichen Gutachten: „Durch die innere Erregung kam es zur äußeren Bewegung", war SPIEGEL-reif und wurde sprichwörtlich.

Von meinen über 2700 Gutachten in Strafsachen waren etwa 300 Ladendiebstähle der Grund für das Ersuchen um forensisch-psychiatrische Bewertung. Des weiteren haben mir viele Kollegen – Rechtsmediziner, Psychiater und forensische Psychologen – Fälle geschildert und dankenswerterweise auch Gutachten zur Verfügung gestellt. Besonderer Dank gilt Gerhard Schmidt, dessen Übersicht ich in diesem Buch ausgewertet habe, sowie Horst Wuttke, der eigens einen Beitrag zur Strafrechtsproblematik verfaßte.

Natürlich kann eine monographische Übersicht nur eine Synopsis bewirken, bei der über 200 Jahre hinweg einer vom anderen abschreibt, zusammenfügt und -streicht, ein Autor also von anderen Autoren profitiert. Doch man treibt nun einmal Quellenstudium, indem man Quellen anzapft. Das Literaturverzeichnis weist diese Quellen aus und bewahrt so den sammelnd, redigierend, redaktionell Tätigen vor Kleptomanie, Plagiat und Schwarzschreiberei.

Dr. med. Dr. phil. Manfred in der Beeck

1. Kleptomanie – die Stehlsucht

Begriffsgeschichte und erste Erklärungsversuche

Wie so oft, wenn man die Entstehung von Begriffen der Psychiatrie erforscht, muß man auch im Fall der Kleptomanie auf französische Quellen zurückgreifen. Denn während sich im deutschsprachigen Raum zu Anfang des letzten Jahrhunderts nur einige zusammenhanglose Beobachtungen über den eigenartigen Hang zum ,Rauben' finden, haben französische Psychiater zu dieser Zeit bereits erste Erklärungsmodelle zu entwickeln versucht.

In der frühen Literatur gibt es zwei Bezeichnungen für die Stehlsucht. Zunächst den Begriff *Klopemanie*, der sich aus dem griechischen Wort Klopeia = Diebstahl ableitet. Diese Benennung stammt aus dem Jahre 1816 von A. Matthey. Kurz danach, 1844, prägte C. C. Marc das Wort *Kleptomanie* von Kleptein = Stehlen. Darunter sollte der Stehltrieb, die Lust am Stehlen, also das Stehlen um des Stehlens willen und ohne Bereicherungsabsicht, verstanden werden.

Pinel und Esquirol sahen in der Kleptomanie eine eigenständige Form der Geisteskrankheit. Pinel beschrieb derartige psychopathologische Zustandsbilder als Manie oder Delir. Er verstand darunter gewalttätige Handlungen, die, blind hervorbrechend, ihm als eine Verletzung der Willensfunktion erschienen. Esquirol setzte eine partielle Erkrankung des Willens voraus, im Sinne einer von ihm sogenannten Monomanie. Hiernach handelten die Betroffenen ohne Leidenschaft und ohne Beweggründe, unfreiwillig und nur instinktiv getrieben. B. Ruch wiederum verglich die *moralische Willenskrankheit* mit Schüttelkrämpfen der Extremitäten, die sich ohne den Willen der jeweiligen Person und sogar gegen deren willentliche Intentionen bewegen. Vielleicht klingen hier bereits Gedanken an epileptische Äquivalente an.

Für Matthey bleibt im Falle der Stehlsucht die Vernunft und der Verstand erhalten. Seiner Ansicht nach widerstehen sie dem unbewußten Impuls zum Diebstahl, doch werde der Wille unterjocht. Er definierte die *Klopemanie* daher als Hang zum Stehlen ohne Notwendigkeit. Er glaubte nicht, daß das damals herrschende Elend oder etwa ein ungeregelter Lebenswandel als Auslöser in Betracht kommen.

Marc hielt an der „Realität des Diebswahns" fest, betrachtete es aber als ein törichtes Unternehmen, theoretische Erörterungen über solcherlei Neigungen anzustellen. Es habe nur geringen Erkenntniswert, wenn man die Diebereien von fast wertlosen Sachen und die bizarren Umstände betrachte, die bisweilen durch vermögende und hochgestellte sowie ansonsten ehrhafte Menschen begangen würden, und wenn man dabei eine Seelenstörung im Sinne einer Geisteskrankheit annähme. Für typisch hielt er, daß der Dieb oft ein freiwilliges Geständnis ablegt und den Schaden wieder gutmachen will. Auch trage der Täter zumeist seine Geringschätzung für die gestohlenen Gegenstände zur Schau, die er entweder wegwerfe oder verschenke, manchmal auch sammle und horte.

Die Motive des Stehltriebes wurden von Marc und Matthey noch nicht erörtert. Friedreich hingegen sagte 1835, daß die Diebsmonomanien aus einem abnorm gesteigerten Begehrungsvermögen entstehen, übersah dabei aber, daß bei dieser extremen Form des Aneignungstriebes die gestohlenen Objekte meist nur geringen Wert hatten.

Einfach und schlüssig wurde die „Schädel-Lehre" des F. J. Gall mit den Symptomen des Stehltriebes fertig. Nach ihr bestand der Hang zum Diebstahl darin, daß eine krankhafte Erregung des Diebsorgans in der vorderen Schläfenbeingegend für die Ursachen der außergewöhnlichen Fehlverhaltensweisen verantwortlich zu machen sei. Hierfür sprach nach Ansicht der Phrenologen die Vorwölbung der Seitenwand des Schädels, die man als krankhafte Vergrößerung des Diebsorgans deutete. Sie ermögliche das Überwuchern des Diebessinnes, der auch den gesunden Menschen beherrschen könne, durch „dunkle Impulsion". Mit diesem Nachweis meinte man alle anfallenden Fragen gelöst zu haben. So kam es etwa zu dem ernstgemeinten Vorschlag von Gall, einen in der Stadtvogtei Berlin inhaftierten jugendlichen Dieb zeitlebens verwahren zu lassen, da er seiner Meinung nach eine prognostisch ungünstige Physiognomie aufwies.

Die Lehre von der Unfreiheit des menschlichen Willens, wie sie in den Arbeiten der Phrenologen zum Ausdruck kam, und die, wie wir heute wissen, irrige Lehre, die dem Zusammenhang zwischen Schädelform und geistig-sittlichen Anlagen anhing, wurden aufs schärfste angegriffen. Ebenso wurde die „Praedestination" zum Diebstahl als angeborene Naturanlage, wie Ideler es 1855 noch ausgedrückt hatte, in Zweifel gezogen. Die allgemeinen Grundlagen der Monomanie-Lehre, wie ihre spezielle Anwendung auf die Stehlsucht, waren dabei inbegriffen.

Regnauld, ein französischer Jurist, hatte schon 1828 vor den Folgen der neuen Lehre gewarnt, die jedes „Steckenpferd" als partielles Irresein auslege, wie Friedrich in seinem systematischen *Handbuch der gerichtlichen Psychologie* berichtet, und Damerow zitiert einen anderen Franzosen, namens Bonnat, der sagte, man müßte entweder die mit dem Verbrechen anfänglich und unmittelbar nach dessen Ausführungen verschwindende Monomanie den Leidenschaften gleichstellen, oder sei gehalten, die Leidenschaft in die Mannigfaltigkeiten der Erscheinungsformen des Wahnsinns einzubeziehen.

Immer wieder läßt sich bei historischen Studien verfolgen, wie das ausdruckspsychopathologische Feingefühl der französischen Psychiater das Richtige erspürt. Viele Begriffe, wie sie gegenwärtig Mode sind und gepflegt werden, finden sich bereits beim Studium der Arbeiten, die vor über 150 Jahren erschienen sind. So taucht etwa der Begriff der larvierten Epilepsie und der epileptischen Äquivalente, bei unbegründetem Motiv und nicht erkennbarer Motivation, in gerichtspsychiatrischen Beurteilungen französischer Amtsärzte nicht nur in Zusammenhang von Kapitalverbrechen auf, sondern wird ausdrücklich im Zusammenhang mit der Kleptomanie gebracht.

In Deutschland hatte Jessen 1831 das Vorhandensein eines Willens als eine „für-sich-seyende und für-sich-tätige Kraft" bestritten. Viele Diskutanten nahmen statt einer isoliert vorgestellten

Erkrankung des Willens, die es hiernach nicht geben konnte, eine allgemeine geistige Erkrankung an, oder sie sprechen lediglich von verbrecherischen Neigungen oder Unarten. Man versuchte auch, die Kleptomanie zu differenzieren, weil in der Mehrzahl der Fälle die Tat als wahnsinnig erachtet wurde und man den plötzlich einsetzenden, als instinktartig angesehenen und dann unwillkürlich handelnden Antrieb als Ende einer „wahnsinnigen Kette" betrachtete, wie Leuhuscher dies nannte. Die übrige, scheinbar angeborene Stehlsucht beruhe nur auf menschlicher Gewöhnung.

Niemals habe er Fälle von Kleptomanie als eine selbständige Form eines innerpsychischen Geschehens, das mit Wahnsinn zu umschreiben sei, gesehen, erklärte Ideler: „Entweder ist jemand ein ehrlicher Mensch, dann wird er bei gesundem Verstand keinen Diebstahl begehen, oder, wenn er bereits ein Dieb ist, so erweist sich seine bisherige Unbescholtenheit als Lüge und Heuchelei". Die Fälle von Marc beruhten seiner Meinung nach entweder auf Anekdoten, oder sie seien als Unarten zu werten. Es lasse sich aus ihnen keine psychologische Beweisführung ableiten.

Im praktischen *Handbuch der Gerichtlichen Medizin* bezieht sich Casper 1860 auf die Kriterien von Matthey und Marc. Jeder Polizeibeamte wisse, daß bei etwa 80 % der Fälle aller „gemeinen Diebe" Not oder Bedürfnis keine Rolle spiele und das freiwillige Geständnis des „Übeltäters" zumeist nur die Abwendung von Schmach oder Strafe bezwecke. Die Geringschätzung der gestohlenen Gegenstände lasse sich nicht dadurch beweisen, daß sie später weggeworfen werden. Selbst das Verschenken der gestohlenen Sachen sei für die Bewertung der Straftat eine gleichgültige „Causa facinores". Kasper kommt zu dem Schluß, daß es weder gut beobachtete Tatsachen noch haltbare Theorien für die Kleptomanie gebe und nichts dafür spreche, einen unbezwingbaren Stehltrieb annehmen zu müssen, der den Betroffenen dranghaft-zwanghaft, unentrinnbar, zum Diebstahl hinreiße.

Die in den angegebenen Texten angeführten Beispiele für „Kleptomanie" sind zumeist nur Skizzen und beruhen weder auf klinischen Daten noch sind sie psychologisch differenziert ausgearbeitet. Die kürzeste Beobachtung von Marc etwa beschränkt

sich auf den erschöpfenden Satz: „Man weiß, daß Victor Amade-
us, König von Sardinien, überall Gegenstände von geringem
Wert wegnahm." Die gleiche Notiz findet sich auch bei Gall.
Und über Henry IV., „den besten der Könige", heißt es: „Er war
ein Spitzbub von Natur und konnte nicht umhin, zu nehmen was
er fand, gab es aber zurück".

 · Es ist keineswegs neu, daß man einen anderen Text benutzt, zitiert, aus ihm abschreibt, ihn redigiert und redaktionell bearbeitet, mit oder ohne Würdigung dessen, der die Dinge ursprünglich
entdeckte. So werden, wie auch hier von mir, die Histörchen von
Autor zu Autor weitererzählt, lediglich der Gestaltwandel der
Zeiten läßt die eine oder andere Facette hervorblitzen und in den
Gesichtskreis kommen, während andere Momente in den Hintergrund treten.

So ist es in Texten über Kleptomanie die Regel, daß in ihnen
die Stehlsüchtigen seinerzeit zwar nicht gerade der allerhöchsten,
so doch stets der besseren bürgerlichen Gesellschaft angehörten.
Es finden sich daher zahlreiche Berichte über Ärzte, Pastoren und
Männer der Wissenschaft, die die sprichwörtlich gewordenen
„silbernen Löffel" gestohlen haben sollen. Eine Anekdote, die auf
Lavater zurückgeht, wird dabei immer wieder erzählt: Ein Arzt
habe von seinem Krankenbesuch allerlei nach Hause mitgebracht,
Schlüssel, Fingerhüte, Messer, Etuis, Portemonnaies. Diese seien
aber von seiner Ehefrau, wenn sie nach der Heimkehr ihres Mannes seine Taschen durchsucht hatte, den jeweiligen Eigentümern
zurückgesandt worden.

Man sieht daran, daß man zumeist über eine Zusammenstel-
lung des Materials nicht hinauskam. Und wenn wir den Gang der
wissenschaftlichen Entwicklung weiter verfolgen, läßt sich konstatieren, daß sich eigentlich nicht viel geändert hat. Immer wieder wird auf die Vielfalt der hinter diesem Phänomen des Stehlens
verborgenen Krankheitsbilder und zu vermutenden psychischen
Vorgänge hingewiesen, doch nur selten kommen die Autoren in
ihren Darstellungen über vordergründige Aufzählungen hinaus.

Doch zurück zum Thema: Bis zum Ende des vorigen Jahrhunderts wurde die Stehlsucht mehr oder weniger übereinstimmend
als „elementare Geisteskrankheit" angesehen und mit dem etwas

weiter gefaßten Begriff des „impulsiven Irreseins" beschrieben. Diesen Formen des psychischen Andersseins sprach man eine „allgemein degenerative" Grundlage zu, wobei der Schwerpunkt der Betrachtungsweise dennoch auf der Verkehrtheit der Handlungen lag. Im wesentlichen sah man die Krankhaftigkeit im Fehlen jedes „vernünftigen Beweggrundes" (Kraepelin 1883) und in der Überrumpelung durch die Triebe begründet, aber es kamen neue Erklärungsversuche hinzu. So erklärte man sich die scheinbare Motivlosigkeit daraus, daß der Antrieb zum Stehlen wie ein Blitz gutartige Assoziationsketten durchbreche und dabei alle klärenden und hemmenden Vorstellungen durch die Bewußtseinsschwelle drücke. Hierdurch werde die Bewußtseinshelligkeit leicht getrübt, also eine Art Bewußtseinsstörung bewirkt.

Der Impuls zu stehlen, wurde krankhaft genannt (Emminghaus 1878), wenn mit der Vorstellung der Tat „das Jucken in den Fingern zusammenfalle", so daß, hierdurch bedingt, Idee, Impuls und Tat sich mit einem Schlage durchsetzen.

Selbst Hoche sieht die impulsiven Handlungen in der Weise, daß bei ihnen wie in einem abgekürzten Verfahren zwischen Anstoß und Reaktion, ohne Beeinflussung von Gegenmotivationen, diese wie Reflexvorgänge abliefen. Er vergleicht sie mit den Tics und hält sie für wesensgleich, da in beiden Fällen die normalerweise zu unterstellenden, vorausberechenbaren psychischen Abläufe fehlten.

Wernicke wiederum, der hirnorganisch forschte, vertrat eine hyperkinetische Entstehungsweise der impulsiven Stehlakte, während Ziehen wohl am weitesten gegangen ist, indem er die inhaltsreiche Leere und die Automatik der Impulse betonte, die ohne Motivierung durch normale oder pathologische Affekte, Empfindungen oder Vorstellungen und insofern schicksalsmäßig ablaufen und die ohne begleitendes Bewußtsein für die krankhafte Veränderung auftreten und dennoch intakte Erinnerungen hinterlassen.

Hoche faßte den Begriff des „impulsiven Irreseins" bedeutend weiter, indem er alle impulsiven Triebhandlungen als unmotiviert bezeichnete, sie aber von den „psychischen Zwangsvorstellungen" sonderte. Und Krafft-Ebing machte schließlich keine

Unterschiede mehr und erkannte auch alle Fälle mit affektiven Verlagerungen an. So war es nur eine Frage der Zeit, bis das in verschiedenen Grundkrankheiten und Spielarten der Psychopathie enthaltene „*impulsive Irresein*" aus der Diagnostik gestrichen wurde.

2. Zwangshandlungen
aus Angst, aus Lust

Unterschiedliche Motivationen
des Stehltriebes

Zum Wesen der Zwangshandlung gehört ein Merkmal, das Kurt Schneider einmal „die Abwehr einer zwanghaften Angst" genannt hat. Hierbei sind auch Triebhandlungen eingeschlossen, bei denen Gegenstrebungen mit Unruhe und Angst auftreten, so etwa die sogenannte Entspannungsunlust, aber auch Erleichterungs- oder Entlastungsgefühle. Der klassische Fall in diesem Zusammenhang, der sich durch die Literatur zieht, ist Moritzen's Magazin (1784) entnommen. Es handelt sich dabei um einen Rekruten, der anfallsartig auftretende Zustände von Angst durch Diebstähle oder auch durch Gewaltakte löste. Daß hier ganz andere intrapsychische Momente, wahrscheinlich als Sekundärmerkmale (hirn)organischer Bedingtheiten eine Rolle spielen, wenn nicht gar unscheinbare Intelligenzmängel mit reaktiv ausgelösten Streßfaktoren, wie man heute sagt, mag eine Erklärung sein.

Auch das Beispiel der verheirateten Frau, die zur Zeit ihrer Periode Zeugin bei einem Ladendiebstahl wurde und die glaubte, selbst nie einer so schändlichen und dennoch kühnen Tat fähig zu sein, gehört in diesen Zusammenhang. Im Laufe von Monaten, zumal während ihrer Menstruation, nahm diese Vorstellung, vermischt mit ängstlichen Irritationen, bei ihr eine solche Intensität an, daß die Betroffene, nur um sich von diesen Gedankengängen zu befreien, das Beispiel nachahmen mußte.

Lust am Abenteuer – Stehlen als Sport

Das Stehlen aus Lust am Abenteuer, die *cleptomanie de jeu*, erscheint am ehesten verständlich. Die Vorstellung, daß Kinder oder auch Erwachsene mitunter nur deshalb stehlen, weil es ihnen Vergnügen bereitet, sie Freude daran haben, ihre Schlauheit und Geschicklichkeit zu beweisen, ist nicht neu. Fragt man die Altersgenossen, ob sie eine solche Durchgangsstufe aus ihrer Jugendzeit zu berichten wüßten, reagieren sie ihrer Grundstruktur gemäß, mit verschlossenem, peinlich berührtem oder auch erheitertem Gesichtsausdruck. In der eigenen Zeit, um Quinta, führten derartige Abenteuer ins seinerzeit besonders verlockende *Kaufhaus des Westens*, um sich mit der Gruppe nach einer Stunde wieder zu treffen, und den Sieger, der entweder etwas wertvolles Kleines oder Voluminöses vorzuweisen hatte, zu küren. Es wurde darüber abgestimmt, und ein großer Nivea-Ball, der zur Werbung aufgehängt war, lag in der Bewertung höher als etwa ein Montblanc-Füllfederhalter.

Man wußte zwischen dem Reiz dieses Nichterlaubten und auch als gesetzwidrig erkannten Sportes wohl zu unterscheiden, auch wie „kriminell" man dem Grade nach dabei wurde, anhand der Verschiedenartigkeit und der Wertigkeiten ideeller und materieller Natur. Es war eine Übertragung der „Räuber und Gendarm"-Mentalität bzw. eine Art „Schnitzeljagd" in der Großstadt. „Kirschen in Nachbars Garten" wachsen nicht auf dem Asphalt.

Vergleichbar ist das bei solchen Handlungen ausgelöste Gefühl mit der Lust an der Jagd und am Fischfang, oder mit dem Lustgefühl beim Autofahren, dem Imponiergehabe des alternden Playboys im röhrenden Porsche der seine Impotenz durch Geschwindigkeit kompensiert, oder mit einer irrationalen, dennoch bewunderten Mutprobe beim Bergsteigen. Vielleicht ist die Freude am Wagnis aber auch ganz allgemein gesehen ein masochistischer Zug und ein Übergang zu sexuellen Erlebnisweisen mit dem Drang, einen „dicken Fisch an Land zu ziehen".

20

Lust am Greifen

Die Lust, etwas zu berühren, zu betasten, etwas anzufassen, sei zuerst vorhanden, meint Bergmann. Hinterher komme dann das Haben-wollen, das Besitzen-wollen. In diesem Zusammenhang sieht Schleich im Diebstahl archaische Vorstellungen, wie sie sich aus der Menschheits- oder gar Tierentwicklung ableiten lassen. Dabei habe der urhafte Trieb mit dem wahllosen Ergreifen von allem, was Nutzen bringen könnte, der Erhaltung der Art gedient. Auch Wagner-Jauregg hält das „Lustgefühl", das die Berührungsempfindung des erfaßten Gegenstandes auslöst, für den ursprünglichen Trieb, auf den die Stehlsucht zurückgeführt werden müsse. Nach dieser Hypothese wäre allerdings bereits das Kind, das nach allem greift, was es sieht, infolge eines solchen Triebes der geborene Dieb.

Die Theorien, die den Stehltrieb gewissermaßen als Greiftrieb aufgefaßt haben, können nur schlecht mit Beispielen dienen, da der Trennungsstrich, von dem ab die Freude am Nehmen und Greifen zur Freude am Besitz wird, kaum gezogen werden kann. Die Grenze ist wohl jeweils überschritten, wenn der Dieb auf frischer Tat ertappt wird. Ob jemand, wenn er in einem Kaufhaus etwas in die Hand nimmt, es sinnierend, abwägend oder gar träumend festhält, bereits als Dieb verdächtigt und angehalten werden kann, wobei der innere Tatbestand als Aneignungswunsch oder Aneignungswillen aufzufassen wäre, ist ein äußerst komplexes Phänomen. Jedenfalls lassen sich diese schwierig zu erfassenden intrapsychischen Abläufe kaum objektivieren.

Ähnlich schwierig zu unterscheiden ist es bei unruhigen, erethischen Kindern, ob sie allein aus Lust am Greifen etwas mitnehmen, fortschleppen und dann achtlos liegenlassen oder ob sie es sich aneignen wollen. In seiner *Psychologie des Jugendalters* fragt Spranger: „Warum denn gerade diese Greifbewegung unter zahlreichen möglichen? Warum gerade diese Triebhandlung und ihr ungehemmter Verlauf?" Ihm scheinen solche Taten nur vordergründige Handlungen aus dem Augenblick heraus, da er dahinter mehrschichtige, untergründige Verstrickungen vermutet. Gruhle hingegen nimmt noch an, daß Kinder „nur aus Unruhe stehlen", und meint, daß es sich bei Jugendlichen aus gepflegter Umgebung um den Ausdruck innerer Konflikte handeln müsse.

Drangzustände und Unlust

Das Stehlen als Ausweg aus unbestimmten Drangzuständen findet sich in der Literatur nicht so häufig. Erst mit der zunehmenden Psychologisierung hat diese Einschätzung der Stehlakte als Begründung zugenommen. Die Tendenz, Unruhe und Unlustgefühle in dieser Weise zu bewerten und derartige Handlungen aus Verstrickungen abzuleiten, nehmen zu. Karl Jaspers etwa hat Heimweh angeführt und der Kriminalpsychologe H. Groß gar Langeweile, und dies zu Zeiten, als in der Gesellschaft noch um die Einführung der 48-Stunden-Woche gekämpft wurde.

Das Stehlen als Symptom für eine Entladungsreaktion läßt sich leicht nachvollziehen und stößt vielfach auf Verständnis. Es erklärt aber nicht, warum es auf dem Hintergrund solcher Verstimmungen, wie sie sich aus Heimweh oder Liebeskummer, ja sogar Überdruß ableiten lassen, in einem Fall zum Diebstahl, in einem anderen aber zu Brandstiftung, zur Anwendung von Gewalt, heute zumeist unter Alkohol- oder gar Drogen- oder Medikamenteinwirkung, kommt. Dies soll dann von der Persönlichkeit, dem Schicksal und zufälligen Umständen abhängen. Dabei sind die spezifischen Momente, kleptomanisch tätig werden zu müssen, auch wegen dieser innerseelischen, für den Betroffenen im Einzelfall nicht zu bewältigenden reaktiven Situationen nicht immer durchschaubar. Sicher ist nur, daß diese Art Diebstahl als Entladungsreaktion nicht auf Gewinn zielt und die Wegnahme keine Bereicherungsabsicht erkennen läßt.

Stehltrieb und Sexualität

Gerhard Schmidt weist darauf hin, daß die psychologischen Zusammenhänge zwischen Stehltrieb und Sexualität erst verhältnismäßig spät gesehen worden sind. Er führt einen Aphorismus von G. Ch. Lichtenberg an, zu einem in England geäußerten Vorschlag, alle Diebe zu kastrieren. Lichtenberg meinte dazu, daß auf diese Weise zumindest eine Veranlassung zum Diebstahl wegfalle, da „der Geschlechtstrieb häufig zu Diebstählen verleite".

Zum Anfang des vorigen Jahrhunderts fürchtete man noch, daß es „den guten Sitten zum größten Nachteil gereichen" würde, Fragen zu behandeln, die mit der Sexualität in Zusammenhang stehen. In den *Annalen der deutschen und ausländischen Kriminalrechtspflege* berichtet Hitzig über einen Pariser Dekorationsmaler, der angeblich nach einer enttäuschten Liebe den „unwiderstehlichen Trieb zurückbehalten hatte, sich solcher Gegenstände zu bemächtigen, die jungen Frauenzimmern gehörten". Ansonsten findet sich aber kein Wort über das Sexualleben des Täters. Und der Hang eines Buchdruckers aus Brooklyn, Damenschuhe zu entwenden, und zwar jeweils nur einen einzigen Schuh, wurde wegen der „Zwecklosigkeit der krankhaften Neigungen", für die „weder ein vernünftiges noch ein unvernünftiges Motiv" spreche, kurzerhand unter die „ausgezeichnetsten Fälle der Monomanie" gerechnet.

Erst zum Ende des letzten Jahrhunderts werden „auffallende Diebstähle" geschildert, bei denen der gestohlene Gegenstand auf Sexualmotive verweist. Dabei wurde die sexuelle Abwegigkeit verschiedenartig bewertet. Garnier sprach von Symptomen der Monomanie, Passow von psychischer und Charcot-Magnan von erblich bedingter Entartung. Jastrowitz hielt die sexualbezogene Wegnahme für den Ausdruck von Zwangsvorstellungen, während der Sexualpsychologe Krafft-Ebing nur eine allgemeine psychische Belastung annahm.

Die motivationsbezogenen Konstruktionen aus dieser Zeit können mit den analytisch orientierten Kausalketten, wie sie für die Entwicklung und Erklärung einer zwangsbesetzten neuroti-

schen Fehlhandlung noch heute herangezogen werden, konkur-
rieren. Jastrowitz etwa bringt 1884, also kurz vor der Wende zur
Psychoanalyse, als ein Beispiel die Diebstähle eines Klavierstim-
mers, der sich durch sexuelle Anregung „Dinge, die zum weiblichen Gebrauch dienen", aneignete. Dies sollte seiner Meinung
nach mit Zwangsvorstellungen in Zusammenhang stehen, die infolge der angestrengten Tätigkeit des Gehörsinnes bei seiner Be-
rufsausübung entstanden.

In der Literatur über den Fetischismus finden sich unendlich
viele solcher Beispiele. Fetischisten haben häufig von orgiasti-
schen Gefühlen bei den Stehlakten berichtet, im Sinne von Span-
nungssensationen, während von einem Orgasmus zumeist erst
kurz nach dem Ergreifen der Objekte die Rede ist. Der Zusammenhang zwischen Fetischismus und Diebstahl ist denn auch
nicht damit erschöpft, daß man sich das Stehlen als ein Mittel zum
Zweck vorstellt, sondern es ist in diesem Zusammenhang eher
das Mittel der Wahl.

Es sind nicht nur die Psychiater oder Juristen, die sich mit dem
Phänomen in dieser Kombination befassen, auch Anthropologen
und soziologisch interessierte oder forschende Fachleute haben
versucht, es zu ergründen. Clérambault wundert sich 1908 über
eine 15 Mal wegen Diebstahl vorbestrafte verheiratete Frau, die
von sich sagte, daß es ihr Lust bereite, Seide zu stehlen. Diese
Frau berichtete, daß ihre Kinder vergeblich versucht hätten, sie zu
heilen, indem sie ihr große Mengen Seide kauften. Ihr aber habe
gerade das Stehlen der Seide und das Befühlen derselben Wollust
bereitet und nicht der Besitz allein.

Es gibt demnach Übergänge von den Fetischisten, die nur beim
Stehlen ihres Objektes einen Orgasmus bekommen, bis zu nicht
mehr fetischistisch veranlagten Personen, denen das Stehlen als
solches, ohne Bindung an den besonderen Gegenstand, eine sexuelle Befriedigung gibt.

Im *Jahrbuch der Psychiatrie* schreibt Zingerle 1900 „von einer
21-jährigen Beamtengattin", die sich in Schuhe, Schirme,
Schachteln und Wäsche „verguckt" hätte. Sie habe diese aber nie
benutzt, sondern vielmehr zerstört, weggeworfen oder ver-
schenkt. Es war nicht der Gegenstand, sondern das Nehmen und

die damit verbundene Angst und Gefahr, die die Erregung auslöste. Die endgültige Entspannung kam erst hinterher, und zwar beim Betrachten der Beute in einem nahegelegenen Hausflur. Diagnostisch wurde diese junge Frau als Masochistin eingeordnet, wobei es dem Zufall bzw. dem Mangel an entsprechender Anteilnahme zuzuschreiben sei, daß gerade im Stehlakt die Vermischung von ängstlichen Affekten mit sexuellen Empfindungen stattgefunden habe.

„Die Genese einer sexuellen Abnormität" beim Stehltrieb erklärt sich Försterling 1907 so, daß bei einigen Menschen als Begleiterscheinung des Stehlaktes bisweilen von heftigen Gemütsbewegungen berichtet werde, Urindrang bestehe oder Urinabgang auftrete, und meint, das geschehe infolge eines starken Gefühls auf die geschlechtlichen Zentren. Wo einmal mit der Aufregung des Stehlens und der nachfolgenden Erleichterung Wollustgefühle entstanden seien, geschehe es bei einem ähnlichen Anlaß leicht wieder, d. h. es kommt gewissermaßen zur Automatisierung oder gar Stereotypie.

Hierfür nennt er als Beispiel einen Arzt, der seinem Vater als 12jähriger eine Zigarre entwendete und unmittelbar danach eine Erektion bekam. Auch eine Näherin wird erwähnt, die mit 46 Jahren ein unerwartet aufgetretenes Lustgefühl beim ersten Diebstahl bemerkte und dieses später auf dem Umweg des Stehlens bewußt anstrebte.

Der Schweizer Forel erzählt in seiner Arbeit *Masochismus und Kleptomanie*, wie ein 24jähriges Mädchen im Augenblick des Stehlens Angst und Grauen verquickt mit höchster Wollust empfunden habe. Das Gefühl wäre ähnlich dem, wie wenn sie sich einem Mann schamhaft unterordne. Von der Polizei gestellt und befragt, hatte sie das Empfinden tiefster Erniedrigung und – höchster Befriedigung.

Die Reihe der sexualpsychopathologischen Erscheinungsformen läßt sich durch die Kleptomanie als Äquivalent sadistischer Befriedigung fortsetzen. Eine 20jährige empfindet bei ihren Liebhabern nur dann Lust, wenn sie ihnen davor oder danach etwas wegnehmen kann. Der Fall des Beischlafdiebstahls im Milieu hat mit einer derartigen Leidenschaft natürlich nichts zu tun.

Wie eng die Verflechtung von Sexualtrieb und Stehltrieb sein kann, erklärt das Bekenntnis einer 40jährigen Rückfalldiebin, das Fenichel 1933 in der *Zeitschrift für Psychoanalytische Pädagogik* anführt. Sie gab an, daß sie nicht nur bei ihren Diebstählen sexuelle Erregung erlebe und im Moment des Gelingens einen Orgasmus bekomme, sondern daß sie sogar beim Onanieren vom Stehlen träume.

3. Psychoanalytische Erklärungsmuster

Die Psychoanalytiker griffen das Phänomen der Kleptomanie auf, indem sie es dahingehend vereinfachten, daß sie in allen Fällen, in denen Motive nicht ohne weiteres ersichtlich waren, oder der Täter vorgab, diese nicht zu kennen, eine sexuelle Wurzel des Geschehensablaufes annahmen. Groß etwa behauptete 1907, daß sich die aus verdrängter Sexualität entstehende Energie, insbesondere bei Frauen der sogenannten höheren Stände, auf das Verlangen nach fremdem Eigentum übertrage, das jedoch „wenigstens als Gedanke einem zielgerichteten seelischen Widerstand" unterliege. Hierbei bestehe die „verknüpfende Assoziation sowohl in dem für den Geschlechtsverkehr wie für den Diebstahl geltenden Anreiz, Verbotenes heimlich zu tun" oder „etwas heimlich zu nehmen". Der Diebstahl werde unwiderstehlich und sei Ausdruck der Sexualität, die sich wie ein pathologischer Zwangsimpuls entladen müsse. Die sexuelle Triebhaftigkeit tauche aus dem Unterbewußtsein auf und erzeuge ein *passager* verändertes Bewußtsein, eine Art Ausnahmezustand. Heute müßte man, dem geltenden Gesetzestext gemäß, von einer „tiefgreifenden Bewußtseinsstörung" infolge affektiver Verschiebungen sprechen.

Gerhard Schmidt zitiert Wilhelm Stekel, der in der *Zeitschrift für Sexualwissenschaft* 1908 andeutet und später in seinen *Störungen des Trieb- und Affektlebens* 1922 unterstrich, daß die Kleptomanie der Ausdruck einer unbefriedigten Sexualität sei. Stekel hielt es für eine „große Frage", ob es überhaupt noch andere als sexuelle Impulshandlungen geben könne, und meinte, daß die früher viel genannten äußerlichen Merkmale der Stehlsucht, da sie für den Täter eigentlich absurd waren, im Gegensatz zu seinem sozialen Herkommen standen oder auf einer Hypermotivität beruhten, aus der Symbolnatur des Diebstahls herrührten. Die Häufigkeit des Stehlens in biologischen Phasen beruhe auf der Steigerung des Trieblebens in solchen Zeiten.

Auch W. Mc Dougall hat in seinem ebenfalls in Deutschland erschienenen Buch *Aufbaukräfte der Seele* (1937) das Abfließen der noch nicht ausgerichteten Sexualenergie in die abnorme Bahn des Stehlens, zum Beispiel dem eines Kindes, darzulegen versucht, das im Zeitpunkt sexueller Erregung zum Diebstahl angestiftet werde. Auf diese Weise könne es bei späteren Gelegenheiten zu Diebereien, unter gleichzeitigem Wiedererwachen sexueller Gefühle, einem „unkontrollierbaren" Impuls, stehlen zu müssen, unterliegen.

Den Beweis für solch vage Deutungen seien die psychoanalytischen Autoren aber bis heute schuldig geblieben. Diese Feststellung traf der Strafrechtler Metzger bereits 1916. Sie ist seitdem vielfach wiederholt worden. Der Streit der Schulmedizin mit der Psychoanalyse entzündet sich dabei immer wieder an den „Beweisen". Die Fälle von Oberholzer, der meinte, für die sexuelle Natur vieler Diebstähle durch Kastration experimentell einen Beweis antreten zu können, überzeugten nicht. Der Streit, der sich über die Jahrzehnte hinzog, ist noch immer nicht zu Ende. Das gilt auch für das Verfahren der „chemischen Kastration".

Kastrations- und Ödipuskomplex

Alle Großen der Psychoanalyse haben sich mit dem Faszinosum der Kleptomanie befaßt. Alexander etwa hat 1922 damit begonnen, die Lehre vom Kastrations- und Ödipuskomplex auf die Stehlsucht anzuwenden. Demnach sollten Mechanismen im ablaufenden intrapsychischen Geschehen verantwortlich für die Taten sein. Das zwanghafte Stehlen entspringe dem Kastrationswunsch des Sohnes gegenüber dem Vater. Der Sohn beneide in seinem Begehren zum Inzest den Vater um dessen großen Penis. Deshalb kastriere er den Vater symbolisch durch Diebstahl, namentlich von Geld.

Alexander stellt als Beispiel einen Patienten vor, der während seiner Schulzeit ausschließlich seinen Vater und zwei überlegene Klassenkameraden bestohlen habe, und führt den Begriff der „relativen" Kleptomanie ein. Hierfür sei das Übertragungsmoment, d. h. die Auswahl der zu Bestehlenden charakteristisch. In Gegensatz dazu setzt Alexander die „absolute", „klassische", „objektlose" Form der Kleptomanie, die nur bei Frauen vorkomme. Da bei ihnen kaum Beschädigungstendenzen beim Stehlakt vorkommen, entwickeln sie auch keine Schuldgefühle und ihr Stehlen geschehe „l'art pour l'art". Alexander berichtet weiter, daß die Frauen durch ihre Art des „narzißtischen Stehlens" die kosmische Ungerechtigkeit ihres Körperbaues wiedergutmachen wollten. Das Handeln der Frauen richte sich gegen eine unpersönliche Ungerechtigkeit, denn sie beneiden nicht den Penis des Vaters, sondern sie seien auf den Penis schlechthin neidisch. Aber Alexander hat noch andere „Determinierungen" für zwanghaftes Stehlen im Sinn als den Penisneid. Er spricht auch von dem Drang, sich die versagte Liebe der Eltern oder die versagte Lust mit Gewalt zu nehmen. Dies treffe insbesondere auf das Stehlen von Süßigkeiten durch Kinder zu. Außerdem gäbe es „in der tiefsten unbewußten Schicht immer das Verlangen nach der ersten Lustquelle", das Nicht-verzichten-wollen auf die mütterliche Brust, den letzten Antrieb zu triebhaftem Stehlen.

Die Verwendung von Symbolen, unabhängig von den geheimnisvollen Bedeutungen der männlichen oder weiblichen Geschlechtsmerkmale, wird im Laufe der Zeit grenzenlos. Nichts bleibt übrig, das nicht als Symbol in Betracht kommt: Bleistifte, Taschenmesser, Schirme (Knirpse!) repräsentieren die Potenz und die Männlichkeit. Bonbons, die Kinder von gestohlenem Geld kaufen, ersetzen entweder die Muttermilch oder die verlorene Mutterbrust. Für Mädchen symbolisieren sie „Liebesbeweise" von seiten des Vaters, und wenn durch zuviel Nascherei Erbrechen bewirkt wird, symbolisiert dies eine Schwangerschaft.

Deutsch wagte sich 1935 in seinen Deutungen noch weiter vor. Bei seinen „Bemühungen, die Psychogenese kleptomaner Zustände aufzudecken", stieß er auf eine „vielleicht physiologische Phase" der Stehlsucht in der frühen Kindheit und meinte, Reaktionsweisen im Rahmen des Ödipus- und Kastrationskomplexes für die „Physiologie der kleptomanen Triebhaftigkeit" gefunden zu haben.

Minderwertigkeitskomplexe

Die Anhänger der Individualpsychologie Alfred Adlers benutzten einen anderen Schlüssel für das Verständnis von Diebstählen, deren Motiv nicht ohne weiteres ersichtlich war. Sie verwendeten zudem den Begriff des Willens zur Macht für Fälle, bei denen sich die Tendenz zur Bereicherung ablesen ließ. Die als zwanghaft angesehenen Triebe wurden als neurotisches Symptom für Minderwertigkeitskomplexe gedeutet.

Nach Adler ersetzen diese Art Zwangshandlungen die Gier nach Überlegenheit und führten im Gefühlsleben des Betroffenen zu einem Scheinsieg über die Umgebung. Weil aber der „Kleptomane" infolge krankhafter Unbewußtheit die Verantwortlichkeit von sich abschüttele, fühle er sich erhaben über die wirklichen Verbrecher und empfinde die Straflosigkeit als Triumph.

Besonders französische Adlerianer haben der Kleptomanie ihr Interesse zugewandt und verschiedene Deutungen gefunden: So gründet sich nach Baudouin jede Kleptomanie auf das Erreichenwollen der Macht, von der sich das Kind ausgeschlossen fühle. Tiebout führt einen 8jährigen Jungen an, der angeblich alles das stahl, worauf er seine Hände legen konnte. Der Junge blieb Tage und Nächte von zu Hause fort. Er habe sich damit an der Mutter für die ihm angetane Vernachlässigung rächen wollen.

Rublineau und Hoeyer beobachteten Kinder und Jugendliche, die sie der „emotionellen Konstitution" zuordneten. Hierunter versteht die französische Psychatrie die psychophysische Reaktion des Individuums auf heftige Erlebnisse oder auch auf plötzliche Körperstörungen. Sie seien zu ihren Stehlhandlungen gekommen, um das Gefühl der sozialen, familiären oder individuellen Unterlegenheit zu überwinden oder um ihre quälende Selbstunsicherheit zu kompensieren.

4. Schwangerschaft und Menstruation als Auslöser für Kleptomanie

Gerhard Schmidt hat in der älteren Literatur zahlreiche Mitteilungen über Diebstähle in der Schwangerschaft gefunden. Der Volksmund hat daran entschieden Anteil. Die wunderlichsten Gelüste, denen man nachgeben müsse, um die Gesundheit und das Leben von Mutter und Kind nicht zu gefährden, werden bis heute immer wieder aufs neue überliefert.

1740 wurde von Alberti durch ärztliche Atteste ein „appetitus furandus" nachgewiesen, der abgeleitet wurde „ex insano desiderio", nämlich, daß eine schwangere Frau wider ihren Willen und Vorsatz auf Stehlen verfallen könne. Und Anne K. gibt 1818 in einem Prozeß bei allen Verhören zu, sie habe geglaubt, ihre Begierde in ihrem Zustand befriedigen zu dürfen. Auch ihr Ehemann habe nur mitgeholfen, damit sie keinen Schaden erleide. Die Gelüste der Schwangeren, heißt es im Gutachten zum letzten Fall, gehörten zu den Störungen des Begehrungsvermögens und stellten eine Art Gegenstück dar zu den Heranwachsenden mit der Neigung, aus krankhafter Lust Feuer zu machen.

1817 schreibt Hoffbauer im *Neuen Archiv für Kriminalrecht*, daß man nicht jedem glauben könne, der einen unwiderstehlichen Trieb beim Stehlen vorgebe. Allerdings gestehe er den Frauen zu, daß während der Schwangerschaft bisweilen ein besonderer Trieb zu stehlen erwacht. Ein häufig vorkommendes Gelüst nach einem noch unbekannten Etwas werde dann plötzlich zu einer Neigung und könne in einen unbezwingbaren Hang übergehen.

Wie weit die Neigung zum Diebstahl in der Schwangerschaft gefaßt und unterschiedslos auf alle Arten von Gegenständen ausgedehnt wurde, zeigt Gerhard Schmidt auf, indem er aus dem einstmals grundlegenden Werk von Marc über die Geisteskrankheiten in Beziehung zur Rechtspflege dessen 122. Beobachtung zur Illustration anführt: „Die Mutter eines durch seinen Witz sehr bekanntgewordenen Mannes, die Gattin eines Generalpächters, konnte, als sie schwanger war, nicht der Begierde widerstehen, bei einem Garkoch Geflügel zu stehlen, welches eben vom Bratspieß abgenommen worden war. Diese übrigens reiche Frau hatte bei der Ausübung dieser Tat kein anderes Motiv als die schleunige Befriedigung eines lebhaften Appetits, welchen der Anblick und der Geruch des Geflügels plötzlich in ihr erweckt hatte und welcher ihr augenblicklich das Vermögen raubte, über das Unschickliche ihres Betragens nachzudenken."

Der Übersetzer des Buches von Marc war Ideler, der im allgemeinen der Kleptomanie als Phänomen skeptisch gegenüberstand. Bei den Gelüsten der Schwangeren und ihren Diebereien machte er jedoch eine Ausnahme und erklärte sie „aus deren Reizbarkeit der Nerven, Empfindlichkeit und Verstimmbarkeit ihres Gemüts". Selbst wohlgesittete Frauen könnten in der Schwangerschaft bei besonderer Gemütsschwäche zu strafbaren Handlungen verleitet werden, sagt er 1844, und Münchmayer hebt ein Jahr später hervor, daß es bei Schwangeren auch heftige Triebe und Begehrungen nach anderem als Essen und trinkbaren Dingen gebe, die allerdings als wirkliche Seelenstörung und moralische Unstetheit angesehen werden müßten.

Jörk vertrat in seinem Buch über die Zurechnungsfähigkeit der Schwangeren und Gebärenden hingegen die Meinung, daß es unverständlich sei und bleibe, warum Schwangere ihre Begierden nicht ebensogut niederkämpfen könnten, wie „nichtgeschwängerte" Frauen es tun. Als Beweis führte er an, daß sich die einfacheren Frauen in der Zeit der Schwangerschaft des Diebstahls enthielten, da sie fürchteten, ihre verbrecherische Anlage zu vererben. Es sei auch nicht erklärlich, wie und warum in diesem „aufgezeigten" Zustand ein solch unwiderstehlicher Trieb zum Stehlen entstehen könne oder etwa gar der Wunsch, dem Ehemann ein Dutzend Eier an den Kopf zu werfen.

In seinem Aufsatz über die Stehlsucht schreibt Siebenhaar 1838, daß Gelüste der Schwangeren nicht unter die Seelenstörungen zu zählen sind. Diese lusthaften Bestrebungen schränken die natürliche Freiheit des Bewußtseins und des Selbstbestimmungsrechts nicht mehr ein als jeder andere sinnliche Trieb.

Die Schwangerschaftsgelüste sind nicht zu bestreiten, sollten aber auch nicht für unwiderstehlich gehalten werden, heißt es 1860 bei Casper im *Praktischen Handbuch der gerichtlichen Medizin* (3. Auflage!). Er erkennt auch andere als unmittelbar körperlich bedingte oder ausgelöste Empfindungen an, wie zum Beispiel die „Gier nach allem Blanken, besonders nach Gold- und Silberzeug". Es wird jedoch nicht für sinnvoll erachtet, den Begriff der Schwangerschaftsgelüste zu verwischen, in dem man Begierden gelten läßt, selbst wenn sie nicht eindeutig mit der Gravidität zu tun haben.

Unabhängig von den Trieben, die während der Schwangerschaft zu Diebstahlshandlungen führen, war schon lange bekannt, daß die Zeiten der Menstruation den Hang zum Stehlen begünstigen. Daß Männer bei diesem Straftatbestand weniger betroffen sind, wurde jedenfalls hierauf zurückgeführt. Es fiel auf, daß Frauen, die sonst ehrlich und gesetzestreu waren, anscheinend nur während dieser periodischen körperlichen Beeinträchtigungen vom Stehltrieb besessen waren. Das galt nicht nur für die Zeiten der Menstruation, sondern ebenso für das Durchgangsstadium der Pubertät und die Zeit der Schwangerschaft. Besonders die praemenstruelle Phase, die bei vielen Frauen auch gesteigerte sexuelle Erregbarkeit mit sich bringt, wurde für Diebstähle als sozusagen disponierend angesehen. Auch im allgemein gestörten seelischen Gleichgewicht, wie es sich in den biologischen Generationsphasen bei Frauen zeigt, sah man einen Grund für den Wunsch, sich fremde Sachen anzueignen.

Es wurden bei psychisch abnormen oder labilen Frauen zudem zurückgedrängte Neigungen vermutet, die sich unter dem Einfluß der Periode in einer Art zwanghaftem Ablauf impulsiv durchsetzen. Frauen, die von Natur aus lebhaft, ja hyperthym von sich aus waren, wurde dann vorschnell „impulsives Irresein" unterstellt. Daß eine derartige Veranlagung während der Menstruation gesteigert auftreten kann, so daß es hierdurch zu den unkontrollierten Handlungen kam, diente als Beweis.

Aber bereits um die Jahrhundertwende hat man in Frankreich 120 Frauen, die Ladendiebstähle begangen hatten, besonders eingehend befragt und nur in 15 Fällen Daten gefunden, die mit dem Menstruationszyklus und der Tatzeit in Zusammenhang gebracht werden konnten. Später wurden noch mehrfach Untersuchungen dieser Art unternommen.

Der amerikanische Psychologe Michelton hat bei einer großen Umfrage keine eindeutigen Belege für die These erhalten, daß die Periode für den Hang zum Stehlen von besonderer Bedeutung ist. Die psychosomatische Belastung durch die monatliche Menstruation habe nur bei „neurotischen" Frauen zu einer Aktivierung des Stehltriebes geführt. Für die Beurteilung einer solchen Strafhandlung ist daher immer nur der Einzelfall maßgeblich – und dessen Vorgeschichte. Nur sie bietet mögliche Erklärungen scheinbar unverständlicher Fehlhandlungen. Die Beurteilung der Primärpersönlichkeit sowie die Bewertung von dessen Glaubwürdigkeit kann allein Aufschluß geben über Verhalten und Fehlverhalten des Menschen.

Onio–Manie (= Kauflust)

Der verstärkte Andrang leidenschaftlicher Gefühle, wie er psychosexuell während der Menstruation vielfältig zu beobachten ist, wobei individuelle Betonungen vorkommen, ist für die betroffenen Frauen oftmals mit rauschhaften Empfindungen verbunden. Sie wissen um deren Regelmäßigkeit und werden dennoch von Monat zu Monat davon überfallen. Zumeist treten diese Veränderungen mit dem Beginn der praemenstruellen Entwicklung auf und sind mit dem Eintreten der Menstruation wie weggewischt. Es gibt aber auch intramenstruelle Höhepunkte und postmenstruelle Abläufe, bei denen sich die somatischen Vorgänge mit ihren psychischen Auswirkungen in Betätigungsdrang verwandeln, etwa in vermehrtes Putzen. Solch ein Drang muß nicht zwangsläufig zum Diebstahl führen. Viele andere Äußerungsformen dieser „Getriebenheit" sind denkbar, so zum Beispiel der sogenannte Kaufrausch. Die davon Befallenen irren durch die Stadt, durch Einkaufsstraßen und durch Supermärkte.

Sie kaufen triebhaft, mehr als sie brauchen oder verwenden können. Kraepelin bezeichnete diese „krankhafte" Kauflust als Oniomanie. Früher meinte man, daß sie nur bei Frauen vorkomme. Das wird heute anders gesehen. Dieser Trieb zum „Kaufen ohne eigentliches Bedürfnis", und das dazu noch in großen Mengen, zumeist überflüssiger Gegenstände, etwa Hunderter von Halsbinden oder Handschuhen, Dutzender von Hüten, Anzügen und Spazierstöcken, ist nicht nur auf Frauen beschränkt.

Längst ist die Kauflust in allen ihren Schattierungen ihren Steigerungen, nicht mehr nur ein Thema für humorige Schilderungen. Besonders in vermögenderen Kreisen führen deren Auswüchse immer wieder bis an die jeweiligen materiellen Belastungsgrenzen. Es bedarf dann zumeist erheblicher Explorationskunst, die wie eine Festung verteidigte Motivation zu eruieren.

Auch die krankhafte „Lust am Schuldenmachen" findet sich häufiger als man gemeinhin denkt. Die Wissenschaft hat sich mit diesem Bereich des Lebens noch nicht eingehend beschäftigt. Die Pfandleiher wissen hier mehr.

5. Der Atalanta-Komplex und die Kleptomanie

Der Gynäkologe O'Neill stellte frauenspezifische Störungen, wie chronisch auftretende Unterleibsschmerzen, unregelmäßige Blutungen, abnorme Reaktionen nach Operationen an Brust oder Unterleib, psychisch bedingte Unfruchtbarkeit, häufig auftretende, spontane Fehlgeburten, Erbrechen während der Schwangerschaft und Ablehnung von sexuellen Beziehungen bis hin zur Frigidität unter dem Namen „Atalanta-Syndrom" zusammen. Einen Zusammenhang mit dem Stehltrieb hat dann Dietrich in seinem Aufsatz *Atalanta-Komplex und Kleptomanie* hergestellt.

Diverse Namen aus der griechischen Mythologie sind bereits als Begriff für psychopathologische Phänomene in die Wissenschaft eingegangen: Der Medea-Komplex etwa wird einer Mutter zugeordnet, die ihre Kinder tötet, um ihren Mann zu bestrafen. Der Orestes-Komplex bezieht sich auf einen Mann, meist einen Muttermörder, der sich unbewußt für mütterliche Kastrations- oder Inzestandrohungen rächt, das Mutterbild verleugnend und doch immer wieder suchend. Wohl am bekanntesten ist der Ödipus-Komplex, die Kombination sexueller Begierde für den gegengeschlechtlichen und eifersüchtige Todeswünsche für den gleichgeschlechtlichen Elternteil.

Atalanta nun ist die mythische Personifikation einer Frau, die nicht Frau sein will, Dietrich schildert Atalanta als die einzige Tochter des Jason und stützt sich dabei auf von Ranke-Graves *Griechische Mythologie* und die *Metamorphosen* des Ovid:

Jason hat sich sehnlichst einen männlichen Erben gewünscht. Die Geburt Atalantas enttäuscht ihn so sehr, daß er sie auf dem parthenischen Hügel in der Nähe von Kalydon aussetzt, wo sie von einem Bären, den Artemis zu Hilfe gesandt hat, genährt wird. Atalanta wächst unter den Jägern, die sie gefunden und aufgezogen haben, zur Frau heran, bleibt jedoch Jungfrau. Stets bewaffnet, verachtet das schöne Mädchen die Männer. Meleager aber, dem Atalanta bei der Jagd auf den kalydonischen Eber als einzige Frau zur Seite steht, verliebt sich in sie. Er überläßt ihr den Pelz des Ebers, den sie als erste mit ihrem Pfeil getroffen hat.

Ihr Vater Jason ist erfreut über Atalantas Erfolge, empfängt sie in seinem Palast mit dem Wunsch, sie solle sich alsbald einen Gatten nehmen – eine unangenehme Kunde, hatte das Delphische Orakel sie doch vor einer Heirat gewarnt. Atalanta will ihr daher nur unter der einen Bedingung zustimmen, daß jeder Bewerber sich mit ihr im Wettlauf zu messen hat. Besiege sie dieser, würde sie seine Frau werden, sonst werde sie ihn töten.

Viele unglückliche Prinzen verlieren ihr Leben, denn Atalanta ist die schnellfüßigste Sterbliche auf der Erde. Doch Melanion, ein Sohn des Arkaders Amphidamas, ruft Aphrodite um Hilfe. Sie gibt ihm drei goldene Äpfel mit den Worten: „Halte Atalanta auf, indem du die Äpfel einen nach dem anderen auf die Laufbahn fallen läßt." Melanion siegt, denn Atalanta bückt sich (!), hebt jeden Apfel auf und erreicht deshalb erst hinter ihm das Ziel.

Der Vollständigkeit halber an dieser Stelle noch kurz das Ende der Sage: Die Heirat mit Melanion findet statt, doch das Delphische Orakel erfüllt sich schon bald. Das Paar übernachtet in einem Tempel der Kybele. Diese ist über die Entweihung ihres Tempels derart erbost, daß sie beide in Löwen verwandelt und sie vor ihren Wagen spannt.

O'Neill, der Kinder mit psychosomatischen Störungen untersuchte, stellte fest, daß deren Mütter an mehreren Symtomen des Atalanta-Komplexes litten. Als Gynäkologe beschäftigte er sich lediglich mit den organischen Ausfallserscheinungen und vernachlässigte dabei mögliche psychosomatische Zusammenhänge. Auch in einer forensischen Praxis gehört es zu den Seltenheiten, eine gynäkologische Anamnese zu erheben. Dietrich meint dazu, daß sich die Scheu der Patientinnen, über ihre mit Strafe bedrohten Handlungen zu sprechen, nur selten duchbrechen ließe. Das gelte auch für die sexuellen Probleme, etwa für Onanie, Masochismus und Frigidität.

Dietrich hält es aber für dringend erforderlich, derartige Zusammenhänge mit den Betroffenen zu erörtern und damit die Gefahr für normwidriges Verhalten zu mindern. Er meint, wenn der

Arzt dies vermag, würden die Fälle von „Kleptomanie" aus nicht-sexueller Genese auf die Diebstähle jugendlicher Psychopathen und nicht rezidivierender Gelegenheitsdiebinnen, also auf eine gewöhnliche oder psychopathische Delinquenz zusammenschrumpfen. Bei diesem sinnvoll motivierten oder haltlosen Agieren stehle der Täter dann einen oder mehrere Gegenstände, die er aussucht, um mit ihnen schnell zu flüchten, und nicht etwa – wie der kleptomane Dieb – anfallsartig, unkontrolliert, unter affektiven und vegetativen Spannungen, und zudem noch unbrauchbare Gegenstände ohne Bereicherungsabsicht.

Hierzu führt er drei beispielhafte Fälle an:

Fall 1: Magdalene K. (27 Jahre) stahl in den letzten 4 1/2 Jahren als Verkäuferin, später als Kassiererin, in einem Kaufhaus Bekleidungs- und Toilettengegenstände, Schuhe, Glühbirnen, Schallplatten u.a. Sie hortete die Ware, ohne sie zu benutzen oder sie weiter zu verschenken.

In einer Kleinstadt unehelich geboren; die Eltern lebten aber 6 Jahre zusammen, bis der schwerkriegsgeschädigte (beinamputierte) Vater eine andere Frau heiratete; eine Tatsache, die das gute Verhältnis zwischen Vater und Tochter beendete. Normale frühkindliche Entwicklung, Volksschule und Lehre als Verkäuferin. Im Anschluß daran Heirat mit einem Italiener (+ 13); die Ehe scheiterte an Frigidität. Die Patientin lief ihrem Mann mit 21 Jahren davon, lebt seitdem mit der Mutter zusammen und schläft mit dieser im Ehebett (!).

Sexualität: Sie wurde zu Hause nicht aufgeklärt, die Mutter mußte sich mit 40 Jahren einer Totaloperation unterziehen und hat die Tochter immer wieder gewarnt, ein uneheliches Kind zu bekommen. Mit 11 Jahren Menarche (erster Eintritt der Regel), war sehr erschrocken, später Dysmenorrhoe und Ekel vor der Menstruation. Mit 16 Jahren lernte sie ihren Mann kennen, beim Verkehr Anorgasmie, Ekelgefühl und zunehmende Frigidität. Seit der Scheidung keine Intimbeziehungen, aber häufige, fast süchtige onanistische Träume. Reibt in der Nacht die Beine aneinander, bis es zum Orgasmus kommt. Die Vorstellungen bei der Onanie klammern den Geschlechtsverkehr aus und ergehen sich in Eroberungen bzw. Unterwerfungen des Mannes. Angst vor Erröten, besonders auf der Straße, da sie glaubt, daß Männer ihr geile Blicke nachwerfen und sie für eine Prostituierte halten. Trägt gern Hosen, obwohl sie Minderwertigkeitskomplexe wegen ihrer dicken Oberschenkel hat. Ihre Charakterzüge schildert Frau K. eher im Sinne eines Anankasmus, als ordentlich und sparsam; sie geht nicht allein fort und gibt ihr Geld nur für Kleider aus. Seit 3 Jahren hat sie einen Freund (−2), empfindet aber keine sexuelle Befriedigung.

Kleptomanie: Mit 8 bis 10 Jahren hat sie Süßigkeiten aus Lebensmittelgeschäften gestohlen, auch zu Hause kleinere Geldbeträge. In der Pubertät war sie frei von Stehlsucht, ebenso während der Ehe. Nach ihrer Rückkehr zur Mutter begannen die Diebstahlshandlungen, die sie fast 5 Jahre als Geheimnis für sich behielt. Die Beute hat sie sich zu Hause angesehen, dann in Kartons verpackt und nicht wieder hervorgeholt. Beim Wegnehmen bekommt sie einen roten Kopf (!), geht massiv vor, keine Beziehung zur Menstruation. Onanie und Kleptomanie wechselten sich ab, Stehlen wird als befriedigender bezeichnet. Nach der Aufdeckung erleichtert. Starker Ausfluß. Die Onanie hat zugenommen.

Fall 2: Hildegard N. (47 Jahre): ledige, elegant gekleidete, schlanke und wesentlich jünger aussehende Buchhalterin. Älteste Tochter eines Feldwebels, späteren Präparators der Anatomie. Der Vater ist in ihren Gedanken immer noch der „erste". Als Kind verwöhnt, hübsch, spielte bei Weihnachtsaufführungen in den Kliniken einen Engel. Später BDM, RAD; seit 1946 Buchhalterin. Wenn Frau N. nicht in Haft sitzt, verdient sie bis zu 2.000 DM. Schildert sich als geizig und gewissenhaft.

Sexualität: ausgeprägtes Atalanta-Syndrom: wollte ein Junge sein. Menarche mit Ohnmacht; praemenstruelle Verstimmungen, Migräne, Dysmenorrhoe, Frigidität. 3 artifizielle Aborte, 2 ausgetragene uneheliche Schwangerschaften. Fühlt sich in der Schwangerschaft dick und eklig, beide Kinder wurden in Heime gegeben, wollte nie heiraten. Hat seit 7 Jahren einen Freund (−9), der nichts von ihren Straftaten weiß. Geschlechtsverkehr alle 2 Monate, noch nicht im Klimakterium, will keine Matrone werden.

Kleptomanie: In der Schwangerschaft wird der Drang zu stehlen, Geld zu unterschlagen, einzukaufen (Oniomanie) und Waren zu horten, unwiderstehlich. Bei der 1. Schwangerschaft 40 Diebstähle, die Schwangerschaft endete mit Abort; in der 2. Schwangerschaft (1951) 24 Fälle, in der 3. Schwangerschaft (1958) 16 Fälle von Diebstahl. Die späteren 3 Schwangerschaften hat sie artifiziell beendet, nachdem sie jeweils Schecks gefälscht oder unterschlagen hatte. Nach Beendigung der Schwangerschaft Beruhigung der Oniomanie und des Klepto-Kollektionismus. Beim Stehlen, Einkaufen und beim Gefaßtwerden keine sexuellen Empfindungen, keine Onanie. Der Freund hält sie wegen ihrer Sammelsucht für „nicht normal".

Fall 3: Franziska G. (62 Jahre) stiehlt seit dem 21. Lebensjahr in Kaufhäusern, wurde mehrmals zu Gefängnis, später zu Zuchthaus verurteilt und mußte zweimal, von 1948 bis 1953 und von 1955 bis 1971 in Sicherungsverwahrung. Sie stammt aus bescheidenen Verhältnissen. Vater und Großvater waren Waldarbeiter. Älteste Tochter mit 7 Geschwistern und einziges „schwarzes Schaf". Sie arbeitete immer als Hausmädchen, die Arbeitsverhältnisse wurden jeweils wegen ihrer Diebstähle beendet. Eine zweijährige Ehe scheiterte an der ihr gegenüber verfügten Sicherungsverwahrung.

Sexualität: Sie wäre lieber ein Junge geworden. Menarche mit 17 Jahren, Anorexie. Wollte nie heiraten. Erster Geschlechtsverkehr mit 19 Jahren, immer frigide. Zwei uneheliche Kinder. Ab 19. Lebensjahr bemerkte Frau G., daß sie durch Klitoris-Onanie Befriedigung findet: auch nach dem heterosexuellen Verkehr befriedigt sie sich onanistisch. Wenn sie zwanghaft onaniert, ist sie nach dem Orgasmus mit allem zufrieden, hat dann auch keinen Stehldrang. Periode seit 10 Jahren erloschen, Libido unverändert. Hat seit 1/2 Jahr einen Freund (−22), Muttersöhnchen, potenzschwach, Geschlechtsverkehr alle 2 bis 3 Wochen, seitdem reduzierter Stehldrang.

Kleptomanie: Zwei Tage vor dem Diebstahl spürt sie an der Klitoris einen sexuellen Reiz, „eine richtige Begierde". Durch

Onanie kann sie den Stehltrieb ein wenig mindern. Ohne Onanie läßt die Spannung erst nach, wenn sie mit der Beute aus dem Kaufhaus nach Hause kommt, hat auch beim Ansehen der gehorteten Beute onaniert. Das Gefaßtwerden ist ihr unangenehm, hat mehrmals nach der Verhaftung Suicidversuche gemacht.

Atalanta ist demnach als ein archaisches Beispiel für eine Frau zu denken, deren Sexualleben unterentwickelt und deren endokrines System gestört ist, bei der andererseits aber die Begehrlichkeit auf Grund ihrer sexuellen Störung gesteigert erscheint.

Beide in engem Zusammenhang stehende Persönlichkeitsstörungen nennt Dietrich den Atalanta-Komplex; „Komplex", weil Komplexe sich nach C. G. Jung um einen unbewußten archetypischen Kern bilden und „die via regia zum Unbewußten, sowie die Verursacher der Träume und der Symptome sind", zitiert bei K. W. Bash.

Bei den drei Patientinnen fanden sich folgende Komponenten des Atlanta-Syndroms: Fixierung der Libido an den Vater und Enttäuschung über den Vater in bezug auf Liebesbeweise, die nach Abraham mit Geschenken symbolisiert werden; die Patientinnen wollten lieber ein Junge sein; die Menarche wurde als psychisches Trauma erlebt; die Menstruationen waren schmerzhaft oder verlängert; Heiratsangst und unglückliche Ehe als Folge von Frigidität; Kinder wurden unehelich empfangen, oder die Patientinnen blieben in der Ehe kinderlos; gestörte Schwangerschaften und Abortneigung; unmütterliches Verhalten zu den Kindern; Neigung zu Perversionen wie zwanghafter Onanie, Masochismus und eben Kleptomanie.

Bei der Kleptomanie unterscheidet Dietrich drei triebhafte Teilkomponenten: Die Begehrlichkeit vor der Tat, den Masochismus nach der Tat und den Kollektionismus (Sammelsucht), durch den der Besitztrieb erst zur Befriedigung gelangt. Diese drei Komponenten sind jeweils unterschiedlich stark repräsentiert, bei den vorgestellten Fällen des Atalanta-Komplexes konzentriert sich das triebhafte Verlangen auf den Akt des Diebstahls selbst, kaum auf die masochistische Komponente und noch weniger auf den Besitz des Gegenstandes. Die Lust wird beim Zusammenraffen der Beute direkt in den Händen und in der Muskulatur der Arme empfunden. Vom analytischen Standpunkt aus handelt es sich um eine Libidobesetzung der Hand als einer erogenen Zone, die auch bei der häufig gleichzeitig vorkommenden Onanie eine Rolle spielt.

Nach Dietrichs Erfahrung ist der Händedruck kleptomanischer Frauen sehr kräftig, die Arme sind muskulös. Wittels hat bei Taschendieben, Geldschrankknackern und Kleptomanikern elongierte Daumen, überstreckbare Finger, Schwimmhautbildung und andere Entwicklungsstörungen an den Händen und Fingern festgestellt. Fetischisten stehlen bekanntlich ihren Fetisch lieber von der Wäscheleine, als daß sie ihn im Geschäft kaufen.

Auf eine analytische Deutung, etwa ob das von Kleptomanen entwendete Gut die Mutterbrust oder Muttermilch oder sogar das männliche Glied darstellt, läßt sich Dietrich nicht ein. Für ihn bleibt beim Kleptomanen im Gegensatz zum Fetischisten der Symbolgehalt des gestohlenen Gutes unbewußt. Die Gegenstände, deren Unbrauchbarkeit häufig offensichtlich ist, müssen seiner Meinung nach aber nicht nur einen realen, sondern auch einen magisch-symbolischen Gehalt haben. Wenn man Atalanta-Komplexe als den „königlichen Weg" zum Unbewußten der Kleptomaninnen versteht, – und diesen Gedankengängen sind viele Analytiker (Abraham, Alexander, Deutsch, Stekel, Wittels) gefolgt, ohne daß sie auf Atalanta hingewiesen haben –, liegt es daher nahe, daß man die Problematik im Liebesleben der Atalanta aus ihrem Ödipus- und Kastrationskomplex heraus erklärt und daß letzterer vielleicht überhaupt die entscheidende Determinante im Persönlichkeitsaufbau der Kleptomaninnen dieses Typs darstellt. So ist es möglicherweise tatsächlich das fehlende männliche Genitale, das im kleptomanen Akt gewaltsam an sich gebracht wird.

Seine Untersuchungen schließt Dietrich dennoch nicht mit einem „Diebstahl" aus der Schatzkammer des psychoanalytischen Gedankengebäudes, sondern mit der folgenden klinisch-nosologischen Theorie der Kleptomanie:

Von den klinischen Psychiatern vor Kraepelin wurde die Kleptomanie den periodisch auftretenden Zwangshandlungen zugerechnet. Jeder Fall von Kleptomanie sei aber ein Roman für sich. Eine wissenschaftliche Bearbeitung des Themas dürfe sich daher weder zu sehr von der Einzigartigkeit der Kasuistik noch von der Fülle der Theorien und der Literatur zu diesem Thema beeinflussen lassen.

Es lasse sich jedoch feststellen, daß sich unter den Kleptomanen, zur Überraschung des Gutachters und der Angehörigen des Delinquenten, besonders häufig Angehörige der sogenannten besseren Schichten, Lehrer, Polizei- und Ministerialbeamte und deren Ehefrauen finden. Von ihrer diesbezüglichen Delinquenz abgesehen, handelt es sich in der Regel um ordentliche, gewissenhafte, oft geizige Menschen, ja um anankastische, also um zwanghaft handelnde Persönlichkeiten. Die Habsucht, Atalantas Begehrlichkeit, wird denn auch in den alten Darstellungen der menschlichen Leidenschaften (z. B. Lenhossek, 1808) beim Geiz abgehandelt. Krause sagt daher zu Recht, daß „auch für vermögende Leute schließlich die so naheliegende und einfache Überlegung Geltung gewinnen kann, daß ein gestohlener Gegenstand nun einmal am billigsten sei".

Bei den beiden anderen Triebkomponenten der Kleptomanie, dem sexuellen und moralischen Masochismus und dem Klepto-Kollektionismus, ist die anankastische Genese der Diebstahlshandlungen offensichtlich, psychoanalytisch gesprochen also die anale Komponente der Libido. Die Diebinnen wollen bloßgestellt, beschimpft, gedemütigt werden. Sie kosten das auch sexuell aus, ohne sich zu einer sexuellen Anomalie bekennen zu müssen. Auf Grund der moralisch-masochistischen Komponente genießen sie die mit der Tat verbundenen gefährlichen Folgen und sogar die Bestrafung, mit welcher die Gesellschaft sie bedroht.

In der Sammelneigung, im Horten der gestohlenen Beute, zeigt sich die anankastische Komponente noch deutlicher. Es handelt sich bei Anankasmen um Zwangsvorgänge, bei denen Gedanken, Vorstellungen oder Handlungen nicht unterdrückt werden können, obwohl sie gleichzeitig als unsinnig oder zumindest unnötig erkannt werden. Der Fall eines kleptomanen Volksschullehrers verdeutlicht das: Während er in der uneingerichteten Beletage seines Wohnhauses wie ein Clochard wohnte, hortete er im Keller seines neugebauten Bungalows eine Unmenge aus Kaufhäusern der nahegelegenen Kreisstadt gestohlener, nutzloser Gegenstände und Lebensmittel und ließ diese verschimmeln. Er war sogar zu geizig, um die Spülung seiner Toilette zu benutzen, füllte seinen Kot in Plastiktüten und warf diese dann in den Straßengraben. Auf seinem Konto hatte er 100.000 DM gespart. Von seinem Vorgesetzten gut benotet, galt der Lehrer im Dorf als „Tütenscheißer". Nachdem seine Kleptomanie aufgedeckt worden war, wurde er in den vorzeitigen Ruhestand versetzt (Dietrich).

Eine derart zwangsneurotische, besser zwangspsychopathische Genese der Kleptomanie erlaubt es Dietrich, zwei Formen derselben anzunehmen, eine masochistische und eine „Kleptomanie ohne sexuelle Ursache", zu der er die kollektionistische rechnet. Bei allen Kleptomanen ist – geht man dieser Vorstellung nach – die Sexualität gestört: kleptomane Diebinnen, wie z. B. Atalanta, sind dabei eher maskulin, kleptomane Diebe, etwa Rousseau und die bekannte Gruppe der Bücher-Diebe, sind eher feminin. Die Sexualität ist auf die anale Stufe regrediert. In ihren krankhaften Triebhandlungen manifestiert sich für Dietrich die Zwangsneurose entweder „anal"-sadistisch (Atalanta-Komplex) oder „anal"-masochistisch und in den Fällen kleptomanen Kollektionismus „anal"-erotisch.

6. Obsessionsdelikte

Wolfgang de Boor hat zusammen mit dem Strafrechtslehrer Ulrich Klug in mehreren Studien die Tiefenmotive bei Eigentumsdelinquenz aufzuhellen versucht. Diese Arbeiten gehören zu den umstrittenen, bisher noch weniger anerkannten Beiträgen in der gegenwärtigen Diskussion.

Angelehnt an die in das Gesetz neu eingeführte „schwere andere seelische *Ab*artigkeit" plädiert de Boor darin für eine „schwere andere seelische *Anders*artigkeit". Dabei wird unter der Andersartigkeit das nicht-normale Reagieren auf (psycho)traumatische Ereignisse und die damit verbundene untergründige Lebensschuldthematik verstanden, die es dem Täter dieser Art zeitweise unmöglich mache, dem Appell der gesetzlichen Normen zu folgen. Dieser stehe dann unter der Zwingherrschaft der Obsession, wie de Boor sagt, uralter, archaischer, seelischer Kräfte, die mächtiger sind als die in den geltenden Gesetzbüchern vorgesehenen Regelungen und Ordnungen.

Unter einem „Obsessionsdelikt" versteht de Boor objektiv meist geringfügige Normenbrüche, die unter dem imperativen Druck einer nicht bewältigten Urschuld – häufig, aber nicht immer im Bereich der Sexualität angesiedelt – erfolgen und die Züge des Dranghaften und Zwanghaften tragen, ohne zum psychopathologischen Zwang (Anankasmus) im klinischen Sinne zu gehören. Im Unterschied zum Zwang, der ständiger Begleiter des Anankasten ist, treten diese Zustände relativ selten und in unterschiedlich großen Zeitabständen auf. Nach dem Vollzug der Obsessionshandlung tritt eine kurze Beruhigung ein. Die Sozialschädlichkeit des eigenen Verhaltens führt dann allerdings – sekundär – zu depressiver Verstimmung und – nicht selten – zu Selbstmordgedanken.

Obsession leitet de Boor aus dem Französischen ab, und versteht darunter Geplagtsein, Plage, quälende Gedanken und im medizinischen Bereich Besessenheit. Das gilt auch für das englische obsession: Besessenheit, fixe Idee, abgeleitet von obsess:

heimsuchen und quälen. Er verweist diesbezüglich auf Lopez Ibors Ausführungen über die Obsessionsneurose und ihre Abgrenzung vom Zwang und von den Phobien im *Lexikon der Psychologie* (Basel/Wien 1972).

Im *Wörterbuch der Psychiatrie und medizinischen Psychologie* von Uwe Henrik Peters wird die Obsession als Synonym für Zwangsvorstellungen beschrieben, während die obsessiv–kompulsive Reaktion als Synonym für Zwangsneurosen gilt. Englisch-amerikanische Fachbezeichnungen wie obsessional oder obsessive werden daher auch immer mit dem Begriff „Zwang" übersetzt, ebenso wie die Ausdrücke aus dem französischen Sprachbereich.

In den von de Boor angeführten Fall-Studien bewirken denn auch nie sogenannte ‚normale' Motive, sondern immer irrational unbeherrschbare, elementare Antriebskräfte die vom Täter selbst verabscheute und verhaßte Tat der Eigentumsdelinquenz. Für das Tiefenmotiv ‚Lebensangst und chronische Überforderung' etwa wird folgendes Beispiel gegeben:

Am 4. Juni 1964 gegen 12.30 Uhr, nahm eine Landgerichtsrätin im Selbstbedienungsgeschäft Fleisch- und Wurstwaren im Werte von 16,59 DM mit. Bei ihren Vernehmungen trug sie vor, in einem „Zustand völliger Geistesabwesenheit" gehandelt zu haben. Ferner wies sie auf ihren schlechten Gesundheitszustand und eine seit Jahren bestehende berufliche Überlastung hin.

Der erste Gutachter verneinte eine verminderte Schuldfähigkeit, auch „Kleptomanie" läge nicht vor. Das Gutachten räumte ihr aber „Unkonzentriertheit und Zerstreutheit" ein. Es erfolgte eine Verurteilung wegen Mundraubes zu 120,– DM Geldstrafe. Das Urteil wurde jedoch aufgehoben, es sollte das Problem der „inneren Tatseite" geprüft werden. Als zweiter Gutachter folgerte de Boor:

Ein akademisch gebildeter Mensch, der von 9.00 Uhr bis etwa 12.15 Uhr intellektuelle Akte mit hohen normativen Ansprüchen vollziehen muß und kann, wird nicht um 12.30 Uhr auf irgendeine Weise „unzurechnungsfähig" oder „vermindert zurechnungsfähig", es sei denn als Folge einer plötzlich (perakut) ausgebrochenen Psychose oder infolge einer akuten Vergiftung des Or-

46

ganismus bzw. einer traumatischen Schädigung des Nervensystems (etwa infolge eines Unfalles mit nachfolgender kurzer Bewußtseinstrübung). All dies aber sei mit Sicherheit nicht der Fall gewesen. Eine somatogene Bewußtseinsstörung habe nicht vorgelegen. Nach Ansicht von de Boor sei eine auf nichtkrankhafter Grundlage beruhende, rein psychologisch zu erklärende Behinderung der Bewußtseinstätigkeit allenfalls aus der Sinnwidrigkeit ihres Verhaltens zu konstruieren, lasse sich aber nicht mit empirisch hinlänglich überprüfbaren – also objektiven – Argumenten begründen.

Die angeklagte Richterin stammte aus einem „Drill-Milieu". Stets hatte sie das Gefühl gehabt, mit ihren Leistungen hinter den Anforderungen zurückzubleiben. Die Anerkennung durch den Vater fehlte – er hatte ihr den Apotheker-Beruf versagt. Die Ehe brachte Zurücksetzungen und Demütigungen. Sie hatte körperliche Beschwerden in Verbindung mit dem Klimakterium, dazu Schlafstörungen. Eine gewisse konstitutionelle Übererregbarkeit und vegetative Stigmatisierung bestand von jeher, sowie die Neigung zu allergischen Erkrankungen. Im Januar 1964 hatte sie eine dienstliche Rüge erhalten, geriet daraufhin immer mehr in Erstarrung und erlebte ihr Inneres „wie tot", aus Angst vor disziplinären Maßnahmen.

Nach de Boor haben sich bei der Analyse solch strittiger Bewußtseinslagen, und wenn eine Feststellung mit einer objektiven Methode nicht möglich ist, folgende Kriterien als brauchbar erwiesen:

A. Die Analyse des *hypothetischen Kausalverlaufes* unter Hinzudenken der Einwirkung einer dritten Person: die tatsächlich vollzogene Handlung wäre dann wahrscheinlich unterlassen worden.
B. *Forensische Vorgestalten der Tat* fehlen, wenn man von den Notzeiten der Jahre 1945/46 absieht.
C. *Forensisch bedeutsame Vorentscheidungen* ließen sich nicht ermitteln.
D. Die *empirische Sinngesetzlichkeit* der Biographie, bei Würdigung der äußeren Lebensgeschichte, scheint de Boor zunächst

zerrissen zu sein, aber für die innere Lebensgeschichte bedeutet die Fehlhandlung keine Zerreißung sondern eine Fortführung der inneren Sinngesetzlichkeit.

E. Eine *objektivierende Distanzierung* von der Tat sei nur in gewissem Umfang erfolgt, da die Tat zu einer von der Handelnden bejahten Bereinigung einer unerträglich gewordenen Lebenssituation führte.

F. Die *biographische Frustration*, d. h. die Empfindung einer weitgehenden Hoffnungslosigkeit und Zwecklosigkeit aller eigenen Bemühen führte häufig zu einer Verstärkung von Aggressionen und ist aus der zunehmenden Frustration der letzten Jahre abzuleiten.

G. Die *Funktion der „Strukturschranke"* habe bei der Angeklagten dazu geführt, daß es in der biographischen Krise nicht zu einer brutalen Entladung der Aggression gekommen sei, sondern nur zu der vergleichsweise matten Form eines Eigentumdeliktes.

Es ist für de Boor schlechterdings nicht vorstellbar, daß diese Richterin einen Diebstahl begeht, um sich einen dürftigen materiellen Vorteil zu verschaffen. Es ist ihm jedoch eher vorstellbar und passe auch zu der mit Suicidgedanken einhergehenden inneren Dynamik ihres Lebens, daß sie mit ihrem Diebstahl eine Aggression gegen die Rechtsordnung in Form einer Diebstahlshandlung beging, um den unerträglich gewordenen, nicht mehr beherrschbaren Lebenskonflikt gewaltsam in einer individuellen Katastrophe zu beenden.

Unentscheidbar bleibe allerdings, ob dieses Verhalten noch rational gesteuert war oder von starken emotionalen Kräften getragen wurde, die nicht bewußtseinsfähig gewesen zu sein brauchten. Der Begriff von „unbewußten" psychischen Kräften aber sei zu vermeiden, da seelische Antriebskräfte dieser Art noch weniger zu verifizieren sind als die Projizierung von Ergebnissen der Analyse einer Lebensgeschichte in eine konkrete Tatsituation.

Für das Verständnis und die Deutung der inkriminierten Handlung bietet de Boor folgende Möglichkeiten an:

I. Es handelt sich um ein schlichtes Eigentumsdelikt mit einer für Delinquenten dieser Art typischen Motivationslage. Dies wurde vom Gericht in I. Instanz angenommen.

II. Das Delikt erfolgte im Zustand der Zerstreutheit und Unkonzentriertheit, in dem die sonst üblichen Kontroll- und Hemmungsinstanzen des ‚Ich' nicht zur Verfügung standen oder nicht funktionierten.

III. Die Tat war eine aggressive Entladung rational nicht gesteuerter Kräfte in Form einer Wegnahmehandlung, um damit eine äußerlich reduzierte, innerlich aber befreite Lebensform zu ermöglichen.

IV. Die Handlung war ein Versagen der sonst vorhandenen personalen Hemmungen gegenüber den deliktischen Impulsen infolge einer großen körperlichen Schwäche und seelischen Widerstandslosigkeit.

V. Die Handlung der Angeklagten vom 4.6.1964 ist motivisch nicht weiter aufzuklären.

In einer neuen Verhandlung wurde die Richterin freigesprochen, denn eine Bestrafung müsse wegen der nicht nachweisbaren Schuld der Angeklagten unterbleiben. Ihr könne – voll zurechnungsfähig – kein Vorsatz (Wissen und Willen des objektiven Tatbestandes) nachgewiesen werden.

Der Revision der Staatsanwaltschaft wurde stattgegeben, Prof. Pauleikhoff bereitete ein weiteres Gutachten vor und unterstrich die vorgetragene Hypothese C mit einer Aussage der Richterin: In den Wochen vor der Tat seien suicidale Tendenzen aufgetreten. Pauleikhoff fragte sich daher, ob innere Beziehungen zwischen den situativen Schwierigkeiten und Belastungen und der Strafbarkeit bestanden.

Die angeklagte Richterin wurde schließlich freigesprochen. Der Amtsrichter bejahte zwar den Vorsatz der Tat, vermochte aber ein Verschulden nicht festzustellen, da eine Bewußtseinsstörung nicht auszuschließen sei.

Nach Überzeugung aller drei Gutachter hatte die Richterin nicht das Ziel gehabt, ein rechtswidriges Eigentumsdelikt zu begehen, vielmehr habe die komplizierte endogene, überwiegend destruktive Bedürfniskonstellation – unter Mitwirkung der exogenen Faktoren ‚Warenhaus' – eine Handlung erzwungen, die zwar formal als Diebstahl bezeichnet werden kann, für de Boor aber ein geradezu klassisches Obsessionsdelikt darstellt.

7. Sozialer Infantilismus

Mit seinen Studien über die atypischen Delikte und die Delikte ohne erkenntliche Motive oder Motivationen hat de Boor schon früh Anregungen gegeben. Deshalb sollen seine Umschreibungen zu diesen Begriffen hier nicht fehlen. Er meint, die Faktoren der geistig-seelischen Unreifestadien müßten, insbesondere beim Warenhausdiebstahl, neu gesehen werden. Seiner Ansicht nach sind die betroffenen Menschen zum Teil unfähig, sich normgerecht zu verhalten, und schlägt für solche Fälle den Begriff vom sozialen Infantilismus vor. Er unterscheidet dabei folgende Einzelmerkmale:

Die *Persistenz des Lustprinzips über das Realitätsprinzip* mit Überwiegen oral-kaptativer Triebbedürfnisse (Alkohol, Rauchen, Medikamentenmißbrauch). Vorwiegend apersonale Sexualität ohne tiefere emotionale Partnerbindung. Der Mensch, obwohl erwachsen, ist bezüglich seiner Trieborganisation auf einer infantilen Stufe stehengeblieben.

Die *Normeninternalisierung* ist ausgeblieben oder nur unzulänglich erfolgt, etwa infolge des Fehlens der soziokulturellen Bedingungen (Familie, Milieu, mikroökonomischer Bereich).

Die *Strukturschranke* fehlt oder ist unzulänglich.

Die *kriminogene Tetrade*: dürftige soziale Intelligenz, Triebhaftigkeit, emotionale Schwäche und Willensmängel sind weitere Merkmale, wie auch *sozialer Autismus*, d. h. die Unfähigkeit oder Schwierigkeit des Menschen, soziale Kontakte zu schaffen, *niedrige Frustrationstoleranz* und eine *intentionale Lücke* oder Leere, z. B. das Fehlen eines wirklichen Lebens- oder Berufszieles. Außerdem *mangelndes Gemeinschaftsgefühl* im Sinne von Alfred Adler; ungenügendes Sozialgewissen; *Abstraktionsschwäche* trotz formaler Intelligenz; *Unempfindlichkeit für den erlebten Freiheitsentzug* sowie *seelische Regressionsphänomene*, womit der Rückschritt auf stammesgeschichtlich sehr frühe Verhaltensmuster gemeint ist; zudem ein *schwaches soziales Integrationsbedürfnis* bei Fehlen von motivierenden Integrationsfaktoren (Anschluß an politische Gruppierungen, kirchliche Institutionen, Vereine usw.) und *fehlende Ich-Identität.*

Schließlich lassen sich Fehler oder Defekte des ‚Normen-Organs‘ konstatieren. De Boor postuliert damit die Existenz eines ausgleichenden und stabilisierenden psychischen Organs, das den Menschen befähigt, sich auch in gespannten und kritischen Situationen normenkonform zu verhalten. Werden die psychischen Energien eines Menschen beispielsweise zu sehr in Anspruch genommen, werden sie also gleichsam ‚verbraucht‘, können sich kaptative Impulse durchsetzen, weil die psychischen Hemmungsmechanismen gleichsam durch ‚Energiemangel‘ ausgeschaltet sind. Diese Vorstellungen werden mit dem Begriff der *Valenzhypothese* verbunden.

Mit den hier referierten Gesichtspunkten, so räumt de Boor ein, habe er noch keine ‚abgeschlossene Theorie‘ des Warenhausdiebstahls gegeben. Dennoch sind seine Thesen bedenkenswert, besonders auch im Hinblick auf die von ihm geäußerte Behauptung, daß durch Bestrafung Merkmale des „sozialen Infantilismus“ verstärkt und neue Krisen verursacht werden. Die Rückfallgefährdung nehme durch eine Intensivierung des psychischen Druckes in der deliktbegründenden Ausgangslage eher zu als ab.

Noch werden seine Thesen in Fachkreisen weitgehend negiert, dennoch: de Boor steht längst nicht mehr allein. Wolfgang Haucke etwa zitierte im Vorwort seines Gutachtens für den 51. Deutschen Juristentag aus einem Urteil vom Amtsgericht Mettmann (in: *Neue Juristische Wochenschrift 29* (1976), Seite 57): „Das Strafrecht zieht sich aus dem Bagatellbereich, zu dem der Ladendiebstahl gehören kann, zurück. Die entstehende Lücke darf nicht geschlossen werden, ist vielmehr als ein Teil des allgemeinen Lebensrisikos zu tragen.“

8. Kindliches Wegnehmen jugendliches Stehlen

In der kinderpsychiatrischen Praxis von Prof. H. Rennert sind jene Fälle von besonderem Gewicht, die vor allem bei ambulanten Untersuchungen vorkommen: Wegnehmen als „Kinderfehler", episodische Stehlhandlungen bei allgemein verhaltensschwierigen und dissozialen Jugendlichen und „Bagatelldiebstähle". Ein Sich-vergreifen an geringfügigen Dingen innerhalb der Familie scheint dabei wenig zu zählen, obwohl eine permanente Neigung zum Stehlen hier seinen Ausgang nehmen kann, da entsprechende Hemmungen entweder gelockert werden oder sich nicht richtig ausbilden. Andererseits kann es auch zu Diebstählen kommen, weil es den Kindern im frühen Alter versagt blieb, ihren Aneignungsdrang zu befriedigen. So legt sich auch Tramer bei Eigentumsdelikten von Kindern immer wieder die Frage vor: „Wieweit handelt es sich um Entwenden und wann um ein Stehlen im eigentlichen Sinne?"

Kindliches Stehlen

Bei Kleinkindern von 3–4 Jahren kann man noch nicht von „Stehlen" sprechen, denn die Begriffe *„mein"* und *„dein"* sind erst ungenügend ausgeprägt. Das Verständnis und der Respekt vor dem Eigentum muß erst durch die Erziehung verankert werden. Tramer will aus diesem Grund die Bezeichnung „Stehlen" bis zum 5.–6. Lebensjahr nicht verwendet wissen. Und auch Heymann spricht für die Zeit vor dem 7. Lebensjahr nicht von Stehlen.

Mit zunehmender Schwere und verbunden mit einer Verschlechterung der Prognose gilt daher folgende Steigerung: Ergreifen, An-sich-nehmen, Wegnehmen, Entwenden, Stehlen, Einbruchdiebstahl, Raub.

Das Entwenden in der „normalen" Variationsbreite des kindlichen Aneignungstriebes, meint Tramer, könne bei erzieherischer Vernachlässigung, insbesondere bei entsprechenden Anlagemomenten zum Diebstahl eskalieren, das heißt: durch einen „Bagatelldiebstahl" initiiert, kommt es bei Lockerung reflektorischer Bindung zwischen Hemmung und Strebung leicht zur Fortführung und damit zu „härteren" Diebstählen, wenn, milieubedingt, begünstigende Umstände hinzutreten.

Die Bedeutung der Umweltfaktoren nimmt denn auch bei äußerlich unscheinbaren Lockerungen der Bindung an Familie und Gesellschaft, bei Beeinträchtigung der „Nestwärme", deutlich zu. So läßt sich bei Kindern von Umsiedlern oder ausländischen Gastarbeitern Stehlen als ein solches Initialsyndrom beobachten. Villinger und Stutte warnen zwar vor einer Überbewertung von Umwelteinflüssen bei Kindern, dennoch müssen Reifungsprobleme der Akzeleration und Retardierung sowie der Entwicklungsdissoziationen beachtet werden, wie sie in der Kinderpsychatrie prinzipiell wichtig sind.

Wieck hat bereits darauf hingewiesen, daß das haltlose und haltarme oft ein haltsuchendes Kind ist. Die Eltern, meist selbst in Schwierigkeiten verstrickt, müssen überzeugt werden, daß ihr Kind nicht „schlecht" ist, sondern auf die häuslichen Verhältnisse reagiert, und daß es darauf ankommt, ihm den „Sinn des Stehlens" zu entziehen.

Mitscherlich formuliert: „Der Grad der Verwahrlosung entspricht dem Grad an erduldetem Liebesmangel", und Zullinger meinte, es käme auch aus seelischer Vereinsamung zu Diebstählen. Er faßte diese als Symbolhandlungen auf. Besonders augenfällig erscheint Rennert die Trias Entwenden-Fortlaufen-Lügen, denn es gibt innere und äußere Zusammenhänge zwischen den Formenkreisen des Fortlaufens und Entwendens. Ein Circulus vitiosus kompliziert den Sachverhalt und läßt die Handlungsweisen ungünstiger erscheinen, als sie eigentlich sind. Jede der drei Komponenten kann die jeweils anderen nach sich ziehen; auch liegt bei dieser Trias häufig zugleich eine Unterbegabung vor, die die Prognose verschlechtert. Dabei fallen intellektuell minderbegabte Kinder derartigen Verführungen leichter anheim.

Erwähnt sei noch, daß es Diebstähle bei Kindern gibt, die diagnostisch, therapeutisch und prognostisch günstig liegen. Gemeint sind Fälle, bei denen der Wunsch nach dem Besitz eines bestimmten Gegenstandes alles Denken und Handeln beherrscht. Bei gehemmten, liebesuchenden Kindern kann z. B. der Wunsch nach einem Fahrrad zum überwertigen Verlangen werden, das Fahrrad selbst zum Liebesobjekt. Einem solchen Kind ein Fahrrad zu schenken, ist bereits die Lösung für seine „Probleme".

Jugendliches Stehlen

Das Phänomen des Stehlens ist jugendpsychiatrisch in zunehmendem Maße von Bedeutung. Die Beweggründe sind, während sie im Jugendalter besser abgrenzbar erscheinen, im Erwachsenenalter eher nivelliert oder latent. Die Motivation späterer Wegnahmehandlungen oder ähnlicher Fehlverhaltensweisen, die zum Stehlen führen, sind dabei oft in kindlichen Entwicklungsphasen zu finden.

Rennert sieht das Wegnehmen von Gegenständen durch Kleinkinder entwicklungsgeschichtlich als eine Form des Greif- und Aneignungstriebes. Das Kleinkind hat ein natürliches Verlangen, die Dinge an sich zu nehmen, die es haben möchte. Im Übergang vom 3. zum 4. Lebensjahr manifestiert sich bei den meisten Kindern der Besitztrieb. Zugleich bildet sich „das Gewissen" heraus. Die Möglichkeit eines Konfliktes zwischen dem natürlichen Verlangen und den anerzogenen Hemmungen bleibt aber bestehen, so daß es später zu Regressionen in das frühkindliche Greifalter kommen kann. Von hier führt der Weg direkt zu der Stehlsucht eines Halbwüchsigen, der „wie ein Rabe" Sachen stiehlt, die ihm auch ansonsten zur Verfügung stehen.

Dabei „stiehlt" ein Rabe wohl ebensowenig wie ein Kleinkind, doch im Fortschleppen „ins Nest" läßt sich ein phylogenetischer Ansatzpunkt sehen. Ein Hund „stiehlt" einem anderen dessen Knochen, und ein Affe „nimmt" seinem Artgenossen dessen Banane weg. Besitzverhältnisse lassen sich also auch im Tierreich ändern. In der Schweiz gibt es die Redensart von der „stehlenden Dohle", aus Pommern kommt die „diebische Elster", und in der Hildesheimer Chronik im 16. Jahrhundert heißt es „und nemen also raven (Raben) und vosse" (Füchse).

Der kleptomane Jugendliche stiehlt nach Rennert nun allerdings auch Geld, Spielzeug, technische Gegenstände, also Dinge, die er zwar recht gut gebrauchen, meist aber ebenso anderweitig beschaffen könnte. Er stiehlt selten gemeinschaftlich und unternimmt auch keine räuberischen Handlungen, eher schon kleine Einbrüche. Weiterhin können in einer Serie charakteristischer kleptomaner Diebstähle Übergriffe anderer Färbung vorkommen: zum Beispiel, daß der Jugendliche einem Kind auf der Straße Geld wegnimmt, die Wohnung der Großmutter aufsucht, um aus einem ihm bekannten Versteck Geld zu nehmen und dergleichen mehr.

Sexuelle Triebkräfte, verbunden mit intrapsychischen Spannungen, sind nach Rennert bei vielen Diebstahlhandlungen beteiligt, doch kommen offenkundige und überzeugende sexuelle Zusammenhänge, wie sie im Schrifttum wiederholt auftauchen, in der Praxis selten vor. „Einfache", „unkomplizierte", „uninteressante" Diebstähle, die schnell Kläger und Richter finden, werden nun einmal nicht „aktenkundig" und die inneren Spannungen des Täters deshalb nahezu nie analysiert. Die „kompliziert", „ungewöhnlich" und damit „interessant" erscheinenden Fälle werden noch am ehesten begutachtet. Doch sind es bei den Kindern und Jugendlichen oft „nur" Störungen der Eltern-Kind-Beziehung mit vermindertem emotionalem Kontakt, die zum „neurotischen" Stehlen führen.

Die Frage, ob die Menstruation einen Hang zum Stehlen auslöst oder wesentlich begünstigen kann, wird von Rennert generell verneint. Er läßt aber Ausnahmen im jugendpsychiatrischen Sinne zu, bei denen ein Zusammenhang mit den Menses besteht.

Bei fraglichen anankastischen Fixierungen mit „Stehlzwang", in typischer Weise von Hemmung und Angst begleitet, sollten seiner Ansicht nach erst einmal Hirnstromuntersuchungen durchgeführt werden, um mögliche epileptische Grundströmungen bei den Stehlhandlungen aufzudecken. Nach seinen Untersuchungen sind Zusammenhänge dieser Art gar nicht selten. Diese diebstahlsähnlichen Handlungen im epileptischen Dämmerzustand sollten aber nicht als kleptoman bezeichnet werden. Der Zusammenhang von Stehlen kleptomaner Färbung und epileptoid-psychopathischer, dysharmonischer Charakterstruktur, wenn nicht gar epileptischer Wesensart, wurde bisher in den Darstellungen vernachlässigt. Rennert führt daher mehrere Beispiele an.

Organischen Hirnschädigungen leichteren oder schwereren Grades, besonders perinatale Hirnschäden, kommen bei der Entwicklung zu kindlichen und jugendlichen Dieben große Bedeutung zu, besonders Zwischenhirnstörungen bringen eine Neigung zu Kleptomanie mit sich. Hervorzuheben sind die allgemeinen psychoorganischen Symptome wie Kritikschwäche, allgemeine Enthemmung und Affektlabilität sowie Störungen der motorischen Harmonie. Nach frühkindlichen Hirnschäden findet sich oft nur ein schwer faßbares Abgleiten in Dissozialität und Verhaltensschwierigkeiten. Charakteristisch ist das Stehlen in Drangzuständen nach Encephalitis. Auch nach einem Hirntrauma kann es zu einer Persönlichkeitsumwandlung mit kleptomanen Antrieben kommen. Göllnitz nimmt bei über 90 % der untersuchten schwererziehbaren Kinder eine frühkindliche organische Beeinträchtigung des Gehirns an. Heutige jugendpsychiatrische Erkenntnisse besagen, daß bei 10 % der Bevölkerung eine minimale cerebrale Defizienz nachweisbar ist.

Diebstähle in manischer Erregung spielen bei Jugendlichen keine Rolle. Häufiger dagegen sind Stehlhandlungen Hebephrener, vielleicht auch bei Katatonen, wobei meist flüchtige inkohärente Impulse im Rahmen eines allgemein inadäquaten Denkens, Fühlens und Handelns zugrundeliegen, gelegentlich auch imperative „Stimmen", Wahnvorstellungen oder anankastisch gefärbte Vorgänge. Ab und zu weist überhaupt erst eine unverständliche Stehltat auf eine beginnende Psychose hin, manchmal auch das Fehlen einer starken Affektspannung, oder das eigentümlich unbeteiligte Vorgehen bei einem an sich impulsiv erscheinenden Diebstahl.

Diese Beobachtungen von Rennert decken sich mit den Erfahrungen, wie sie sich auch bei Heranwachsenden (18–21 Jahre) und (Jung-)Erwachsenen (21–25 Jahre) kriminalbiologisch feststellen lassen. Bei den kriminellen jugendlichen Gewohnheitsdieben spielen nach Ansicht von Rennert häufig kleptomane Faktoren mit. Ihn machte das Attribut des Gewohnheitsmäßigen stutzig, weil ihn die reflexartig eingeschliffene, oft monoton wiederholte Stehlhandlung an den Entstehungsmodus der Kleptomanie erinnerte. Er fand bei den gemütsarmen und unterbegabten Gewohnheitsdieben den Mangel an ethisch-emotionalen und verstandesmäßigen Bindungen und Hemmungen im Vordergrund stehend, die Gemütsarmut bei typischen Kleptomanen jedoch weniger ausgeprägt.

Für das Auftreten von Furcht, Unruhe, Scham und anderen vegetativen Erscheinungen ist es wichtig, ob diese Symptome vor oder nach der Tat oder überhaupt nicht auftreten. Bei anankastischen Mechanismen werden sie vor der Tatausführung beobachtet, bei kleptomanen Grundzügen während der Tat, nur bei gemütsarmen, unterbegabten, asozialen Jugendlichen überhaupt nicht.

Es ist festzustellen, daß Rennert bei seiner Arbeit über das Wegnehmen bei Kindern und das Stehlen bei Jugendlichen mit dem Begriff Kleptomanie freimütig umgeht. Er verhehlt jedoch nicht, daß er die Bezeichnung Kleptomanie im Grunde für wenig angebracht hält. Dabei hat er nicht allein Bedenken in bezug auf die „Krankheits"-bezeichnung Kleptomanie. Er würde auch gern ganz auf den Begriff „Kleptomanie" verzichten, denn schon dessen vielfältige psychohistorische Entwicklungen und Schwankungen bedingen seines Erachtens unklare Handhabungen. Rennert möchte daher die Kleptomanie phänomenologisch verstanden wissen, vom Standpunkt psychologischer Analyse und mehr vom äußerlichen Geschehen abgeleitet, wobei er sich an Jaspers anlehnt. So betrachtet wird die Bezeichnung Kleptomanie eher zu einer Beschreibung für ein Fehlverhalten, also zu einem wertungsfreien Oberbegriff.

9. Diebstähle ohne Bereicherungstendenz

ein psychopathologisches Syndrom?

Der Versuch, Diebstähle ohne Bereicherungstendenz als gesondert zu betrachtendes, psychopathologisches Syndrom herauszustellen, wurde von B. Pauleikhoff und D. Hoffmann gemacht, wobei sie einschränken, daß nur ein geringer Teil der Warenhausdiebstähle dieser Gruppe zuzurechnen sei. Folgende Merkmale heben sie als charakteristisch hervor:

Kleine Entwendungen (1) in Selbstbedienungsläden, ohne besondere Vorkehrungen (2). Kein Bedacht auf günstigen Zeitpunkt (3) des Zugriffes. Beim Gestelltwerden keine raffinierte (4) Verschleierungstaktik. Die Ware ist meist ohne besonderen Wert (5), manchmal ohne Verwendungsabsicht. Ertappt, erschrecken (6) sie und sind nicht imstande, eine Entschuldigung (7) zu suchen oder zu finden. Sie sehen das Unerlaubte (8) sofort ein, entsinnen sich aber nicht (9), wie es zu dem Diebstahl kommen konnte, fühlen sich überrascht, überrumpelt und können kein Motiv (10) nennen. Finanzielle Not (11) liegt nicht vor, meist haben sie Geld dabei, so daß sie die Ware hätten bezahlen können.

Die berufliche Eignung wird schon bei geringfügigen Entwendungen angezweifelt, wodurch der Diebstahl umso weniger verständlich wird (12). Wenn die Delinquenten zur psychiatrischen Untersuchung kommen, sind sie in der Lage, ihre Lebensumstände zur Tatzeit zu schildern, während für die Tat selbst eine Erinnerungslücke zu bestehen scheint, denn sie können den Handlungsablauf aus der Erinnerung kaum rekonstruieren (13).

In der Regel gehen sie nicht von sich aus zum Arzt (14), ebenfalls eine Besonderheit ihres Verhaltens. Erst unter dem Druck eines gerichtlichen Verfahrens oder etwa nach einem Suicidversuch kommen sie in Behandlung. Die Dunkelziffer ist groß!

In den Lehrbüchern der Psychatrie wird die Kleptomanie kursorisch und im Grunde nur wenig kritisch am Rande behandelt. Bis heute ist eine Bewertung äußerst schwierig, wann Diebstähle ohne Bereicherungstendenz als psychopathologisches Syndrom vorliegen, ebenso schwierig ist es zu ermitteln, welche Motive im Einzelfall eine Rolle spielen. Die Meinungen gehen zumeist weit auseinander; das zeigt sich bei Gericht immer wieder, wenn mehrere Gutachter zu verschiedenen Ergebnissen kommen.

Pauleikhoff und Hoffmann meinen, daß neue theoretische Erörterungen das Problem nicht lösen helfen, es gelte, weitere Erfahrungen zu sammeln. Es sei notwendig, die Lebensgeschichte, die Persönlichkeit, die Situation und den Hergang der Taten dieser Menschen ausführlicher und gründlicher als bisher kennenzulernen. Sie halten die Erstellung von ausführlichen Krankengeschichten für erforderlich, um mehr Klarheit gewinnen zu können und um die vorhandenen Gemeinsamkeiten in der Entwicklung dieser Taten deutlicher herausarbeiten zu können.

Was Pauleikhoff und Hoffmann damit meinen, zeigt ihre Untersuchung des Falles Hannelore X. (32 Jahre). 1966 kam diese zur Begutachtung in die Universitäts-Nervenklinik in Münster/Westfalen. Ohne Mutter aufgewachsen, war sie im Kinderheim erzogen worden, den Vater sah sie nur in den Schulferien. Ihre Kontaktperson in der Kindheit war die Großmutter. Mit 17 Jahren lernte sie ihren um 4 Jahre älteren Mann kennen. Im gleichen Jahr wurde sie schwanger. Obwohl der Freund sie drängte, verheimlichte sie anfangs die Freundschaft und auch die Schwangerschaft vor ihrem Vater. Als er davon erfuhr, schlug er Hannelore X. zwei Wege vor: Heirate den Mann, dann aber sind wir nicht mehr für dich da. Die zweite: Überlasse die Angelegenheit uns und breche den Kontakt zu dem Mann vollständig ab. Hannelore entschied sich für den zweiten Weg. Vater und Stiefmutter machten ihr weiter keine Vorwürfe, und sie war froh, daß sie keine Schwierigkeiten mit ihnen hatte. Das Versprechen, den Kontakt zu ihrem Freund abzubrechen, hielt sie dennoch nicht. Als der Vater das merkte, geriet er außer sich, und Hannelore befürchtete, ihm könne in seinem Zorn etwas zustoßen.

Der Vater kaufte ihr eine Fahrkarte und schickte sie zu ihrem

Freund. Der Kontakt zu den Eltern riß daraufhin für 11 Jahre ab. Ein Verständigungsversuch fand von beiden Seiten nicht statt. Die Einkehr im Hause des Freundes fiel ihr schwer. Sie schämte sich, hatte Hemmungen und Angst vor seinen Eltern und Geschwistern. Es kam eine Zeit, in der sie viel allein war, da ihr Mann tagsüber arbeiten mußte. Sie lag die meiste Zeit im Bett.

Wenn der Mann nicht da war, traute sie sich nicht aus dem Zimmer. Die Geburt des Kindes überraschte sie, da sie ahnungslos war. Nach der Geburt heiratete sie, und die Ehe war anfangs gut. Plötzlich aber änderte sich dies. Der Mann zeigte, ohne Gründe zu haben, Eifersucht, interessierte sich jedoch zugleich für andere Frauen. Es kam zu schweren Auseinandersetzungen. Einmal würgte ihr Mann sie in eifersüchtiger Erregung. Sein Verhalten war explosiv, jähzornig. Es kam soweit, daß Hannelore nächtelang aufblieb und erst zu Bett ging, wenn ihr Mann schon fest schlief.

Vor körperlichen Berührungen empfand sie Abscheu. Zu dieser Zeit kam es zu ersten Diebstahlsdelikten im Warenhaus. Hierüber sagte sie, daß sie nie habe stehlen wollen, daß sie oft erst, wenn sie zu Hause war, gemerkt habe, daß sie etwas in der Tasche hatte, was ihr nicht gehörte, daß sie deshalb verzweifelt gewesen sei, aber mit niemandem darüber habe sprechen können.

Als sie zum zweiten Male schwanger wurde, hoffte sie, daß dadurch die Diebstahlsneigung gedämpft würde. In ihrer Ratlosigkeit rief sie ihren Vater an, um zu erfahren, ob in der Verwandtschaft irgendein ‚dunkler Punkt‘ sei, der die Diebstahlsneigung erklären könne. Die Reaktion des Vaters war für sie überraschend einfühlsam und besorgt. Er veranlaßte sie, sofort zu ihm zu kommen. Er besorgte ihr einen Rechtsanwalt, suchte mit ihr einen Arzt auf und bemühte sich, sie zu beruhigen. Die Reaktion des Ehemannes dagegen war ganz anders. Er hielt ihr Versagen vor und sprach von Scheidung.

Die Diebstähle betreffend, äußerte sie, daß sie nicht daran zweifele, an einem Stehltrieb krankhafter Natur zu leiden. Sie erinnerte sich, Diebstähle verübt zu haben, in denen sie nervlich angespannt war. Die Diebstähle hätten dann bei ihr zu Erleichterung und Befreiung von Angst und Spannungen geführt.

Für das Zustandekommen der Diebstähle lassen sich aus der Biographie Hinweise gewinnen. Als sie in den ersten Lebensjahren in einem Heim war, fehlte ihr eine Kontaktperson, etwa die eigene Mutter. Diebstähle, die sie als Kind gelegentlich verübte, können auf ihre innere Vereinsamung zurückgeführt werden, wobei sich das Diebesgut als ein Ersatz für die fehlende Liebeszuwendung deuten läßt. Eine Häufung der Diebstähle fällt zeitlich zusammen mit der ständig angespannten Ehesituation, in der kein offenes, vertrauensvolles Wort unter den Eheleuten Klarheit und Entkrampfung brachte. Der jahrelang hingezogene „Nervenkrieg", der bei dem Mann zu wachsender Gereiztheit, bei der Frau zu immer stärkerer Vereinsamung, depressiver Verstimmung bis zu hochgradiger Affektstauung und Suicidabsicht führte, drängte zu affektiver Entladung. Die Bedeutung der Diebstähle liegt im Rückblick für sie darin, daß diese sie aus der Vereinsamung herausgeführt und das Verständnis der Angehörigen für ihre Probleme gefördert hätten.

In der gutachterlichen Stellungnahme haben Pauleikhoff und Hoffmann betont, daß Hannelore X. unter seelischen Störungen leide, die ärztlich behandlungsbedürftig seien. Es sei anzunehmen, daß die Konflikte und Affektstauungen zur Zeit der Tat möglicherweise zu einer Bewußtseinsstörung geführt haben, die die Verantwortlichkeit erheblich beeinträchtigte. Es gäbe jedoch keine Anhaltspunkte dafür, daß sie unfähig gewesen sei, das Unerlaubte ihrer Tat einzusehen.

Hannelore X. wurde wegen Diebstahls im Rückfall zu einer Gefängnisstrafe von 14 Tagen verurteilt. Als sie den Strafbescheid bekam, wurde sie apathisch und so verzweifelt, daß sie versuchte, sich mit 40 Schlaftabletten das Leben zu nehmen. Bei einer Nachexploration – 4 Jahre später – wurde Hannelore X. gefragt, welchen Sinn die Strafe für sie gehabt habe. Sie antwortete, daß sie sich eigentlich nicht kriminell fühle, daß sie sich auch durch solch abschreckende Maßnahmen nicht bessern würde. Nach ihrer Ansicht wäre es sinnvoller gewesen, wenn sie in der Krankenpflege oder zur Hilfe für Notleidende eingesetzt worden wäre. Nach der Gefängniszeit ist es noch zweimal zu Diebstählen gekommen.

Das Problem von Diebstählen, wie dieser Fall es zeigt, lasse sich nicht immer eindeutig klären oder lösen, stellen Pauleikhoff und Hoffmann resigniert fest. Dennoch sollte man nicht glauben, daß sich dieses jahrhundertealte Problem wissenschaftlich und ärztlich dadurch erledige, daß man sich sagt, es existiert nicht, da es sich in allen Fällen um gewöhnliche Diebstähle handelt. Vielleicht sei es schon bald noch klarer beweisbar, daß Diebstähle dieser Art ein eindeutiges, nicht mehr übersehbares Signal unerträglicher seelischer Konflikte und großer seelischer Not darstellen und sie daher als ein wichtiges Symptom einer ärztlich dringend behandlungsbedürftigen Krankheit zu betrachten sind. Für die weitere Erforschung dieser Tatbestände sei es daher wichtig, neben dem gründlichen Studium des Einzelfalles möglichst viele ähnliche und vergleichbare Fälle nebeneinander zu stellen, um ihre Gemeinsamkeiten und Unterschiede noch besser analysieren zu können.

Folgende Faktoren haben die Autoren als Beleg für ein psychopathologisches Syndrom genannt:

1. Schwierige, konfliktbeladene eheliche Situation, die kein Entrinnen verspricht.
2. Depressive Verstimmung als Folge dauernder situativer Schwierigkeiten.
3. Körperliche und seelische Erschöpfung als Folge akuter zusätzlicher Belastungen.
4. Eheliche sexuelle Frustration mit der Möglichkeit des Diebstahls als sexueller Ersatzhandlung.
5. Aggressive Tendenzen, die sich gegen den Ehepartner richten, um ihn zu schädigen.
6. Suicidale Tendenzen als Flucht aus der Situation.

Mit diesen Punkten schließt die *Forschungsgruppe für Klinische Psychopathologie und Medizinische Psychologie* (Leiter: Prof. Dr. Dr. Bernhard Pauleikhoff) ihren Diskussionsbeitrag ab – wohl auch als eine Art Deculpationsempfehlung.

10. Diebstähle ohne Bereicherungstendenz

kein psychopathologisches Syndrom!

Der Contrecoup folgte. Nachdem Pauleikhoff und Hoffmann von Stehlhandlungen ohne und H. S. Möller etwas später von Stehlhandlungen ohne wesentliche Bereicherungstendenz *als* psychopathologisches Syndrom gesprochen hatten, nahm Bresser vom Institut für Rechtsmedizin in Köln diese Studien zum Anlaß, in einer durchgreifenden Überschau das vorgegebene „psychopathologische Syndrom" wieder in den status quo ante zu setzen. Vergleichende kriminologische Erfahrungen einbringend, gibt er seine Einschätzung der von Pauleikhoff und Hoffmann zusammengefaßten Merkmale:

<u>Zu 1</u>: Bei den allermeisten Diebstählen in Selbstbedienungsläden handelt es sich um „kleinere Entwendungen". D. Meurer ermittelte, daß bei 97 % von 1637 Fällen der Warenwert unter 25 DM lag. Danach ist in diesem Gesichtspunkt kein Unterscheidungskriterium für Sonderfälle zu sehen.

<u>Zu 2</u>: Die Frage der besonderen Vorkehrungen wäre immer zunächst nach den objektiven Feststellungen zu prüfen, die meist ein ganz anderes Bild geben als die Darstellung des „ertappten Täters". Im übrigen ist jedes möglichst unauffällige Vorgehen weniger verdachtserregend und in der Regel „zweckmäßiger" als etwa ein zunächst vorsichtiges Sich-Umschauen u. ä. Keinesfalls ist hier ein psychopathologisches Spezifikum zu sehen.

<u>Zu 3</u>: Was heißt günstiger Zeitpunkt? Ist das Gedränge, der normale Betrieb oder das Alleinsein der günstigere Zeitpunkt? Jeder hat da seine eigene Meinung und Technik. Psychopathologisch kann daraus nichts gefolgert werden.

<u>Zu 4:</u> Was heißt raffiniert? Die Tatsache des Erwischtwerdens legt immer das Argument nahe, nicht raffiniert genug vorgegangen zu sein. Im übrigen fehlen diesbezügliche Vergleiche mit „normalen", nicht psychopathologisch zugeordneten Diebstählen. Dieser Einwand gilt auch für die meisten anderen Punkte.

<u>Zu 5:</u> Läßt sich der Wert und die Verwendbarkeit der entwendeten Waren im Rahmen einer psychologisch-psychiatrischen Exploration verläßlich prüfen?

<u>Zu 6:</u> Wie sollte ein plötzlich „ertappter" Mensch anders reagieren als mit einem Schreck, der bekanntlich jeden Menschen zunächst „sprachlos" werden läßt?

<u>Zu 7:</u> Wie soll ein Mensch auf der Stelle eine Entschuldigung finden, wenn er keine Entschuldigung für sein Tun weiß oder hat und seine Schuld auch nicht zugeben will? Was ist hier spezifisch oder differentialtypologisch kennzeichnend?

<u>Zu 8:</u> Wird nicht jeder normale, nicht gerade eingefleischt kriminelle Mensch, nachdem er auf frischer Tat ertappt wurde, das ihm vorgehaltene Unrecht zugeben?

<u>Zu 9:</u> Welche andere als die simpelste Entlastung soll einem schon einfallen als die, man könne sich nicht entsinnen?

<u>Zu 10:</u> Welche Erwartungen sind in dieser Situation angemessen, um auf die Frage nach dem Motiv eine passende (oder nicht passende) Antwort zu bekommen? Wie viele normale Ladendiebe geben auf Anhieb ihr (oder irgendein) Motiv an?

<u>Zu 11:</u> Aus finanzieller Not wird heutzutage kaum ein Ladendiebstahl begangen, Was besagt also dieses „Merkmal"? Die ehrliche Aussage einer Probandin war: „Mir war mein Geld zu schade".

Zu 12: Die Konsequenzen seiner Tat bedenkt auch der „normale" Dieb selten, weil jeder Diebstahl mit der Hoffnung begangen wird, nicht entdeckt zu werden. Das ist eine weithin zu verallgemeinernde kriminologische Erfahrung. Manche sich als „krank" bezeichnende Ladendiebe behaupten sogar, sie hätten sich absichtlich unvorsichtig benommen, um entdeckt zu werden, weil nur das sie befriedigt. Abgesehen davon, daß man leicht so argumentieren kann, wenn man erwischt worden ist, bleibt auch dann noch die Frage offen, warum ohne Rücksicht auf die voraussehbaren Folgen gehandelt wurde.

Zu 13: Bezüglich der Erinnerungslücke wäre zunächst eine Differenzierung zwischen Verdrängung und Verlegenheits- oder Zweckbehauptung erforderlich, um sie in diesem Zusammenhang als Symptom zu werten. Eine Amnesie (Erinnerungslücke) tritt im übrigen nur bei organischen Prozessen oder bei hochgradig affektiven Ausnahmezuständen auf, die bei diesen Tätern nie beobachtet werden. Die Erinnerungslücke als Indiz einer tiefgreifenden Ausnahmeverfassung ist also in diesem Zusammenhang bei keinem der Fälle mit der Erfahrung in Einklang zu bringen.

Zu 14: Was soll aus einer solchen Feststellung gefolgert werden. Sie gehen „nicht von sich aus zum Arzt"? Die Akten lassen vielfach erkennen, wer sie zu welchem Arzt geschickt hat.

Die herausgestellten Merkmale und die zur Tatzeit als „belastend empfundenen Lebenssituationen" sind für Bresser typisch für bestimmte Persönlichkeitsstrukturen mit sozialen Unangepaßtheiten. Auf den Fall der Hannelore X. bezogen, sollte man, nach Bresser, daher eheliche Spannungen, an denen ja nicht immer nur der andere „schuld" sei, nicht einseitig als Bedingung oder zur „Erklärung" für die andere, nämlich die Eigentumsverletzung heranziehen. Das mehrschichtige und weiterhin wechselseitige Bedingungsgefüge müsse diagnostisch aus einer den ganzen Menschen betrachtenden Sicht beurteilt werden, wenn sich der Arzt, der Psychotherapeut oder der Gutachter mit „Sachverstand" ein verläßliches Urteil bilden will. Eine ernstgenommene

Täterbeurteilung habe jedenfalls, soweit nicht qualitativ spezifizierbare, psychopathologische Befunde für den Einbruch einer Krankheit sprechen, über die situative Konstellation mit den ganz uncharakteristischen Verhaltensmerkmalen hinaus, das Bild der Persönlichkeit zu erfassen, insbesondere wie es sich aus der Dynamik der Lebenssituation und aus der besonderen Weise der Erlebnisverarbeitung darstellt. Der einzelne oder wiederholte Diebstahl, differentialdiagnostisch mehrdimensional betrachtet, gleich ob *mit* oder vermeintlich *ohne* Bereicherungstendenz, stelle sich mit seinen seelischen Folgeerscheinungen nicht so ‚persönlichkeitsfremd' dar, wie dies die Selbstdarstellung der „Täterin" vermuten lasse.

Schließlich lehnt Bresser den mit diagnostischen Ansprüchen gebildeten Ausdruck „Diebstahl *ohne* Bereicherungstendenz" ab, weil er ihn als begrifflichen und diagnostischen Fehlgriff einschätzt. Er bezeichnet ihn als Etikett, das den Eindruck einer Diagnose erweckt, zur schlagwortartigen Verfremdung verführt und mehr verdeckt als kennzeichnend herausstellt.

Die innere Tatzeitverfassung sei letztendlich praktisch unergründlich, Interpretationen können dem Verständnis dienen und dem Richter hilfreich bei der Einschätzung der Schuld sein, jedoch können sie nicht grundsätzlich zur Beurteilung der Schuldfähigkeit dienen.

Auch der Hamburger Kriminalpsychiater Krause, einstiger Schüler und forensischer Nachfolger von Bürger-Prinz stellte fest, daß Ladendiebe ohne krankhafte seelisch-geistige Störungen keine Exkulpierungsmöglichkeiten haben: „Sie sind für ihr Tun strafrechtlich voll verantwortlich, auch dann, wenn die Tat persönlichkeitsfremd und unmotiviert erscheint oder der Täter, einem augenblicklichen Impuls bei günstiger Gelegenheit folgend, kaum Möglichkeiten zum Reflektieren hatte, also sein Gewissen nicht befragen, das Für und Wider seines Handelns nicht abwägen und die Tatfolgen nicht bedenken konnte. Das Gesetz kann und darf es ihm auch in einer solchen Situation nicht erlauben, das wohl in jedem Menschen tief verwurzelte Eigentumsgefühl zugunsten des gleichfalls ubiquitär vorhandenen Strebens nach Besitz zu verabschieden."

Exkurs:
Rennert-Motiv-Skala

Zur schnellen Orientierung und Übersicht für unmittelbare Antriebe und Motive von Diebstahlhandlungen bei Kindern und Jugendlichen. Die Liste wurde von Rennert anhand seiner Erfahrungen und aufgrund von eingehendem Quellenstudium zusammengestellt und berücksichtigt im allgemeinen keine psychischen Störungen, Anomalien oder Krankheiten. Sie stellt auch eine Reihe von Gesichtspunkten für die Bewertung von Delikten Heran- oder Erwachsener bereit.

1. Wegnehmen aus einem natürlichen Verlangen, die Dinge an sich zu nehmen, die man haben möchte (bei Kleinkindern; „haptisches Verlangen" evtl. auch nur Greiftrieb)
2. Wegnehmen in bewußtseinsgestörtem Zustand ohne sichtbare Motivation.
3. Impulsives Wegnehmen in schwerer allgemeiner Enthemmtheit und Aggressivität, in schweren diffusen Drang- und Verstimmungszuständen, auch als Entlastungsreaktion.
4. „Unwiderstehliche Stehlsucht" (Kleptomanie)
   a) Stehldrang
   b) Stehlzwang
5. Stehlen aus pathologischem Sammeltrieb
6. Stehlen mit deutlichen sexuellen Vorgängen
   a) bei Fetischismus als sexueller Triebperversion
   b) ohne fetischistische Motive, aber mit Orgasmusfolge, auch als Onanieersatz.
7. Stehlen aus larvierten sexuellen bzw. libidinös gebundenen Motiven:
   a) das Gestohlene hat in Form, Farbe oder sonstigen Eigenschaften einen erlebten oder erstrebten sexuellen Gehalt
   b) aus masochistischen oder sadistischen Motiven

c) um ein „Andenken" an die geliebte Person zu besitzen, auch als pars pro toto, um „Liebe zu stehlen" bzw. als Ersatz von Liebe

d) aus Eifersucht.

8. Stehlen aus Versagung der Befriedigung des Besitztriebes im Kleinkindalter.

9. Stehlen zur Befriedigung oraler Bedürfnisse (evtl. auch mittels Stehlen von Geld):

a) Naschhaftigkeit

b) „Mundraub"

10. Stehlen zur Befriedigung einer Sucht (Suchtmittel oder Geld, um sich solche zu verschaffen).

11. Stehlen als Folge von poriomanem oder anderweitigem Fortlaufen (Nahrungsmittel, Geld, Beförderungsmittel).

12. Stehlen bei übergroßem objektivem Anreiz, z. B. bei Fehlen jeder Aufsicht über besonders begehrenswerte Gegenstände.

13. Stehlen zur Befriedigung eines heftigen, überwertigen Besitzverlangens, meist nur nach einem bestimmten Gegenstand (z. B. Fahrrad, Fußball).

14. Stehlen aus Abenteuerlust, auch um etwas Verbotenes oder Heimliches zu tun.

15. Stehlen aus Protest gegen die Familie, Schule oder Arbeitsstelle, evtl. um aus diesen entfernt zu werden.

16. Stehlen, um Machtgefühl zu erringen, Selbstunsicherheit zu kompensieren, mit der Tat oder dem Diebesgut zu renommieren usw.

17. Stehlen, um das Gestohlene verschenken oder Wohltaten erweisen zu können (häufig nur ein Ausweg oder eine Ausrede, um das Diebesgut loszuwerden!).

18. Stehlen zur Befriedigung von Putzsucht (modische oder kosmetische Artikel).

19. Stehlen aus Sammlerleidenschaft (z. B. Briefmarken).

20. Stehlen als „Ausweg" aus anderweitigen Konflikten oder Schuldgefühlen, evtl. auch als eine Art „Reinigungszeremoniell".

21. Stehlen aus Heimweh oder Vereinsamung.

22. Stehlen aus Langeweile.

23. Stehlen aus Trotz.
24. Stehlen, um verlorene Gegenstände zu ersetzen, evtl. auch aus Furcht vor Strafe wegen des Verlierens.
25. Stehlen aus anderweitig unerfüllbarem Mangel, auch aus sozialer Verbitterung und Enttäuschung.
26. Stehlen auf Befehl von anderen, evtl. auch von „Stimmen".
27. Stehlen, um einen anderen (fälschlicherweise) des Diebstahls bezichtigen zu können.
28. Stehlen, um sich am Bestohlenen zu rächen, diesen zu schädigen.
29. Stehlen von Beweismaterial, um dieses kennenzulernen oder zu vernichten.
30. Stehlen, um unmittelbaren materiellen Nutzen zu erlangen, zum Zweck einfacher Bereicherung.

Die aufgereihten Antriebe und Motive lassen sich individuell weiter aufgliedern und ergänzen. Rennert weist zu Recht darauf hin, daß im Einzelfall mehrere Motive gleichzeitig oder nacheinander gefunden werden können. Im synoptischen Rückblick lassen sich aber in der Regel zwei bis drei der aufgewiesenen „Gründe" für das Stehlen festmachen.

Sinn und Un-Sinn: Ein Epilog

Jedermann glaubt, eine Meinung zu haben über das „Unsinnige", das Tun und Lassen eines Täters, wenn etwa ein Diebstahl ohne Bereicherungstendenz diesen als „unsinnig" erscheinen läßt. Jedoch lehrt die Praxis – in allen Lebensbereichen – wie subjektiv und unscharf dieser Begriff ist. Im Grunde hat jeder einzelne seine Norm, seine eigene Schwankungsbreite für die Sinnhaftigkeit und die Sinnleere gewisser Handlungen. Dies bezieht sich auf alle Taten, auch der Täter „weiß" darum, ist sich dessen „bewußt", selbst wenn er (geistes)krank oder etwa nur „nicht gesund" ist.

Bei der allgemeinen Neigung, den verdrängenden Interpretationen von Betroffenen zu folgen, diesen nachzugeben, sie zu „glauben" und dann zu analysieren, nimmt es nicht Wunder, wenn nicht nur Ungereimtheiten zum Vorschein kommen, sondern auch „Unsinnigkeiten".

Bresser, dessen Einschätzung des Phänomens in einem vorangehenden Kapitel referiert wurde, sagt dazu: Die Psychoanalyse läßt auf Grund ihrer Interpretationskunst, die mit ideenreichen oder wohlfeilen Symboldeutungen praktisch alles sinngebend zu „erklären" vermag, keinen Spielraum für die Annahme von Unsinnigem. Andererseits erscheinen einzelne Handlungen nur deshalb als unsinnig, weil der Handelnde selbst nachträglich seine Motivationslage so darstellt, daß der wahre Bestimmungsgrund des Handelns verborgen bleibt. Sowohl die kognitiven Determinanten (Überlegungen, Vorstellungen) als auch die emotionalen Faktoren (Gefühle, Bedürfnisspannungen) werden aus dem jedem Menschen innewohnenden Selbstrechtfertigungsstreben mit nachträglich gesetzten Akzenten verfremdet. Die Primärmotive werden zur Sekundärmotivation. Je intelligenter oder je beweglicher in seinen Assoziationen der einzelne ist, um so leichter wird es ihm fallen, Argumente für den Widersinn seines Tuns zu finden. Ob es dann mit zumutbaren psychologischen Methoden gelingt, die wahren Motive zu entlarven, erscheint ihm mehr als zweifelhaft.

Weiter kommt man, wenn man sich fragt, welchen Sinn der Un-Sinn hat. Psychopathologisch Geschulte sind es gewohnt, dem Sinn des „Unsinns" nachzugehen, auch wenn es sich z. B. um schizophrene Wortneubildungen handelt. Eines der schönsten Beispiele hierfür ist der „Kirchentreppenmettwurstruntertreter", den Müller-Suur ausdruckspsychopathologisch in seine Sinnhaftigkeit zu gliedern versuchte.

Normalerweise *geht einem der Sinn dafür ab,* das heißt, man kann kein Verständnis dafür aufbringen, deshalb hat es auch *keinen Sinn.* Redensarten wie diese, haben keine feste Prägung, sind prinzipiell wertfrei, aber hinsichtlich ihrer Tendenz beliebig einsetzbar. Bei ihrer vielseitigen Verwendbarkeit als sprachlicher Rohstoff, geben sie den Weg frei für Zusammenhänge, wie sie seit altersher ihren *Sinn haben.* Sprichwörtliche Redensarten sind nicht von lehrhafter oder gar sozialethischer Tendenz schlechthin, sondern gewinnen erst ihren Inhalt im Einklang mit einem sie einkleidenden Satz.

„Es kam mir in den Sinn" will heißen, „es ist mir plötzlich eingefallen", der Un-Sinn *„ist mir durch den Sinn gefahren". Etwas kommt einem nicht in den Sinn* soll heißen, man denkt nicht im entferntesten daran, und wird meist als beruhigende Versicherung gebraucht.

Im *Lexikon der sprichwörtlichen Redensarten* führt Röhrich weitere Beispiele an: Wenn einen etwas Bedrückendes, etwa ein Schuldgefühl, nicht losläßt, wird es oft mit dem Ausdruck *es kommt einem nicht aus dem Sinn* umschrieben. Wenn man sich selbst nicht begreift, sich eine Fehlhandlung nicht vorstellen kann, *will es einem nicht in den Sinn.* Man hält es nicht für möglich, „weil nicht sein kann, was nicht sein darf"!

Biblischer Herkunft sind die Redensarten *nichts Gutes im Sinn haben* (Sirach 11,34) und *Böses im Sinn haben* (Psalm 17,15).

Weder Sinn noch Verstand haben, soll bedeuten, daß die (Fehl-)Verhaltensweise keine schlüssige Beweiskraft besitzt, den logischen Zusammenhang vermissen läßt. Ohne Begründung soll die Angelegenheit für bedeutungslos erklärt und damit erledigt werden. Röhrich verweist auf eine ähnliche Redensart im Niederländischen: „Slot noch sin hebben". Die Franzosen sagen

„n'avoir ni rime ni raison" oder „ni queue ni tête", und in Englisch heißt es „to be without rhyme or reason". Im Deutschen sagt man dazu, *etwas ohne Sinn und Verstand tun*.

Einen sechsten Sinn haben bedeutet seit altersher etwa einen guten Instinkt, eine besondere Ahnung haben oder ungewöhnliche Fähigkeiten entwickeln. In jüngster Zeit wird der Unsinn, der über die fünf Sinne hinausgeht, als sechster Sinn bezeichnet.

Der Sinn eines (Un)Sinnes erschließt sich aber keineswegs immer allein durch das Wort, er läßt sich zuweilen auch aus dem Tonfall, der Sprachmelodie oder den Sprechpausen entnehmen. Denn auch im scheinbar Beiläufigen spiegelt sich „die Wahrheit" des Lebens. Dazu aber bedarf es der Geduld und des unvoreingenommenen Blicks.

Anhang

Ausgewählte Fallbeschreibungen

Die folgende Kasuistik setzt sich aus aktuellen Kurzberichten und „historischen Fällen" zusammen. Vollständigkeit wurde nicht angestrebt. Einige der hier aufgenommenen Falldarstellungen stammen aus der Sammlung von Prof. Rennert, dem an dieser Stelle Dank gesagt sei. Weitere Fallbeschreibungen oder Hinweise zum Thema – vom geschätzten Leser übersandt – sind willkommen und finden möglicherweise in einer neuen, erweiterten Auflage Aufnahme.

Daß auch dem sogenannten „Bagatell-Fall" die ganze Aufmerksamkeit zu schenken, von Nutzen sein kann, werden die nun folgenden alltäglichen oder außergewöhnlichen Fälle erweisen. Sie lesen sich als ein Kaleidoskop kleptomanen Lebens.

Anlage

In kurzer Folge waren Großmutter, Mutter und Kind unabhängig voneinander als Ladendiebinnen ertappt worden. Die Großmutter (49) machte klimakterische Beschwerden geltend, die Mutter (31) intermenstruelle Sensationen und die Tochter (13) die einsetzende Regel.

Die Zwillingsschwester, die im Alter von 2 Jahren von einem farbigen amerikanischen Soldaten und seiner Ehefrau adoptiert und in die USA mitgenommen worden war, fiel zur gleichen Zeit, ohne daß sie in Verbindung zur früheren Heimat oder in Kontakt zu den Verwandten stand, in einem Supermarket durch Diebstähle auf. In allen Fällen handelte es sich um die lustbetonte Wegnahme von Schleckereien. Alle Frauen seien pastös, übergewichtig, intellektuell eingeschränkt, äußerlich gleichgültig, und

– ein wenig amüsiert – ohne Reue oder Einsicht gewesen. (Nach
Dr. le Beau-Weinsberg)

Symbolhandlung

Ein 8jähriges Mädchen hatte als Kleinkind im Kindergarten Spielzeug „ausgetauscht". Sie nahm zudem der strengen und sparsa-
men Großmutter, die den vaterlosen Haushalt beherrschte, Geld
weg und kaufte sich davon Spielsachen, die sie an befreundete
Kinder verschenkte. Das Kind war, während der stationären Beobachtung, fügsam, geschickt, kontaktfreudig, eher unauffällig.
Alle Umstände wiesen darauf hin, daß das Kind, zu Lasten der
Großmutter, die ihm nicht die gewünschte Liebe hatte zuteil werden lassen, das Geld gestohlen hat. (Nach Rennert)

Jugendlicher Fetischismus

Bei einem 16jährigen Oberschüler fand die Mutter Mädchenun-
terwäsche zwischen den Schulbüchern. Der Junge klagte über
Kopfschmerzen, Gedächtnisschwäche und war bedrückt. Er äußerte des öfteren den Satz: „Mir kann keiner helfen" und hatte
Suizidgedanken. Als er sich der Polizei offenbart hatte, wurde er
freier. Vor der Entdeckung durch die Mutter hatte er auch deren
Unterwäsche an sich genommen. Als er Fahrradzubehör stahl,
kam es zu einem Strafverfahren.

Ein Vetter mütterlicherseits leidet an Epilepsie, die Mutter ist
leicht erregbar. Der Junge hat bis zum 13. Lebensjahr als Einzel-
kind im Schlafzimmer der Eltern geschlafen und so lange einge-
näßt. Er war von jeher Einzelgänger, las viel, beschäftigte sich zumeist mit der Mutter und sich selbst. Nach der Ausquartierung
aus dem Elternschlafzimmer erschien er den Eltern verändert,
schamhaft, abweisend. Er weinte oft, weil er keine Geschwister
hatte. Die Eltern hatten ihn nicht aufgeklärt.

Rennert sieht hier den Fall einer Entstehung von Fetischismus aufgrund einer abnorm starken, inzestuös gefärbten Mutterbindung. Er weist aber zugleich auf die merkwürdige Erweiterung fetischistischer Diebstähle auf andere Dinge hin, vielleicht als Folge der Gewöhnung an das Stehlen schlechthin, möglicherweise handelt es sich aber auch um eine „Übersprunghandlung", wobei unklar blieb, ob der Junge auch beim Stehlen anderer Gegenstände und nicht nur bei den fetischistischen Diebstählen Lustgewinn erlangt hat. (Nach Rennert)

Gravidität

Eine 25jährige Frau verspürte während der ersten Schwangerschaft einen Stehldrang, den sie nicht beherrschen konnte. „Wenn ich es habe, geht eine Befriedigung durch meinen Körper. Später kann ich die Sachen nicht mehr sehen, dann ekelt es mich an."

Sie nimmt sowohl Dinge, die sie gut gebrauchen kann, als auch wertlose, doch immer nur von Bekannten, etwa Sandalen, die ihr drei Nummern zu groß sind. Hinterher lügt sie leicht durchschaubar, aber hartnäckig. Sie behauptet, frigide zu sein. Während der zweiten Schwangerschaft erneute Aufnahme in die Klinik, da sich der zwischendurch nicht ganz erloschene Stehldrang wieder verstärkt hat.

Ihr Großvater war Trinker. Der erste Ehemann ist gefallen. Den zweiten, ein Lehrer, stößt das Stehlen seiner Frau derart ab, daß es zu Eheschwierigkeiten und schließlich zur Scheidung kommt.

Hier spricht Rennert von Kleptomanie. Der praktisch unwiderstehliche Drang zum Stehlen, der in der Schwangerschaft besonders hervortritt, stütze diese Diagnose.

Die Frage, ob die *Menstruation* den Hang zum Stehlen auslöst oder wesentlich begünstigen kann, wird von Rennert generell verneint. Er läßt aber Ausnahmen im jugendpsychiatrischen Sinne zu, bei denen ein Zusammenhang mit den Menses besteht:

Eine Jugendliche (zur Zeit der Beobachtung 16 Jahre alt) hat nach der Menarche (13 1/2 Jahre) Mitschülern Geld entwendet und dafür Apfelsinen gekauft. Anschließend immer wieder Gelddiebstähle, auch bei den Geschwistern, um Näschereien zu kaufen. Sie leugnete ihre Taten stets, weinte, erschien aber gleich darauf gleichgültig. Nachts trieb sie sich herum. Als Bäckerlehrling wegen 2 Diebstählen entlassen, passierte ihr dasselbe in weiteren Stellungen wegen erneuter Diebstähle.

Ein Bruder der Mutter ist geistig zurückgeblieben, sie selbst ist auch etwas unterbegabt, aber nicht schwachsinnig. Die häuslichen Verhältnisse sind geordnet. Als Kind 4 Wochen nach der Einschulung aus der alten Heimat evakuiert, fiel ihr das Einleben in der neuen Umgebung schwer. Sie blieb einmal sitzen und wurde altershalber aus der 5. Klasse entlassen. Das Mädchen gilt als leicht reizbar, verstockt, schreckhaft, nervös, launisch und schlägt die Geschwister.

In der klinischen Beobachtung zeigte sie sich ruhig, freundlich, gewandt, kontaktfreudig. Zur Zeit der Menstruation wurde mehrfach beobachtet, wie sie unruhig, scheu und schreckhaft wurde, die Arbeitslust verlor, über Kopfschmerzen klagte und heimlich von den Eßwaren der Mitpatienten naschte. Nach den Menses wieder aufgeschlossen und vergnügt, bekam sie einmal im Intermenstruum ausgesprochene Verstimmungszustände mit schlechtem Schlaf und Appetit.

Zu ihren Diebstählen äußerte sie: „Ich kann nichts dafür, werde immer ganz aufgeregt, bekomme Angst ... Da sind immer so viele Stimmen um mich, sie sagen: ‚Nimm es weg, es kommt nicht raus!' Wie automatisch tue ich es dann, meine Hand greift einfach zu, ich kann mich gar nicht dagegen wehren ... Dann sagt es manchmal: ‚Tue es nicht wieder!', aber die anderen Stimmen sind stärker. Sie führen mich manchmal richtig dorthin, weisen mir den Weg: ‚Dort liegt etwas, nimm es, es sieht niemand'. Das ist ganz unheimlich, von innen vielleicht, manchmal aber auch am Ohr, ein böser Geist. Die sagen auch: ‚Gib es nicht zu, sag nicht, daß du es warst ...' Manchmal bin ich frei davon, dann bin ich ganz lustig. Ich habe Angst, daß ich ins Gefängnis komme. Ich kann mich nicht wehren dagegen, das kommt stundenweise über mich, dann zittere ich und kriege eine fürchterliche Angst, vergesse dabei alles um mich herum."

Die „Stimmen" kämen nur, wenn sie allein sei. Sie habe im übrigen in einem Kriminalroman gelesen, wie ein Mörder von Stimmen geleitet und deshalb für die Tat nicht verantwortlich gemacht wurde. (!)

Außer den verdächtigen imperativen Stimmen sprach für Rennert nichts für ein schizophrenes Geschehen. Die merkwürdigen Sinnestäuschungen gehen für ihn aus ihrer abartigen Persönlichkeit hervor, den periodischen ängstlich, anankastisch gefärbten Verstimmungszuständen. Das Geschehen bei diesem Übergangsfall zur Kleptomanie erinnerte ihn an eine Pubertätskrise, wobei der von der Menses abhängige Verlauf interessant bleibt.

Pseudo – Menopause

Die kleine Frau war nur 1,45 m groß und wollte ausgerechnet mit einem Blumenkasten von 1,60 m Länge quer durch den mit metallischen Rastern kontrollierten Ladenausgang. Als sie gestellt wurde, weil sie ohne Bezahlung weiterging, protestierte sie zwar, aber redete völlig wirr, was als Durchtriebenheit registriert wurde.

Bei der Flucht aus Pommern hatte sie einen bis dahin ledigen Geflügelzüchter kennengelernt, der 30 Jahre älter als sie war. Nun wurde er 75, und sie hatte Sorge um ihre Zukunft. Da bot sich ein Praktikum für 1 Jahr mit der kleinen Prüfung zur Krankenpflegehelferin an. Sie nahm alles sehr ernst, ging im Unterricht mit und paukte zu Hause. Sie wurde im Krankenhaus gelobt und sollte auf einer Pflegestation in eine Dauerstelle übernommen werden. Um beim Lernen fit zu bleiben, trank sie Kaffee und nahm abends zur Beruhigung Valium.

Am Morgen des Einkaufs, sie wollte ihrem ‚alten Herren' eine Freude machen und über ihre Aufregung für die Krankenpflegeprüfung am nächsten Tag hinwegtäuschen, hatte sie – völlig ungewohnt – einen Cognac getrunken.

Ordentlich wie sie in allem war, führte sie über Jahrzehnte einen Menstruationskalender. Gut bewahrt und vorgewiesen, war daraus zu erkennen, daß ihrer Meinung nach die Menopause eingetreten sein mußte. Bei der vorherigen Regelmäßigkeit konnte nach dreimaligem Sistieren der Tattag als 1. Menstruationstag festgelegt werden.

Bis zum Prozeßbeginn verging ein 3/4 Jahr. Inzwischen war das Examen bestanden, dem alten Ehemann ging es gut, sie trank wieder Tee, nahm keine Tabletten, lebte ohne Alkohol, und die Regel hatte erneut eingesetzt, genau auf den Tag, im Rhythmus geblieben: Eine Examens-Amenorrhoe.

Die Summation der Besonderheiten, die Unsinnigkeit, die akute Verworrenheit und die mehrschichtigen kausalen Bedingtheiten rechtfertigten den Freispruch.

Epilepsie (Hirntrauma)

Ein 10jähriger Junge, ein Jahr in der Sonderschule, nimmt anderen Kindern Geld, Eßwaren, Bleistifte weg, stiehlt aber auch in Geschäften. Später entwendet er bei allen nur denkbaren Gelegenheiten Dinge, Wertvolles und Wertloses, Nützliches und Nutzloses. Er verkauft sie manchmal und ersteht Kleinigkeiten, die ihm die Mutter ohne weiteres gekauft hätte. Er wirft auch Sachen weg, versteckt sie, gräbt sie ein, z. B. die Ersatzteile einer Nähmaschine.

Sein Onkel väterlicherseits war schwachsinnig. Der Vater ist seit 1945 vermißt. Er selbst hatte mit 4 Jahren einen Kopfunfall, anschließend eine Zeitlang absenceähnliche Zustände. Neurologisch dezente Abweichung von der Norm. In der Grundschule im Verhalten schwierig, unruhig, widersetzlich, kam er in eine Sonderschule und wegen Verhaltensschwierigkeiten von Heim zu Heim. Die Mutter nahm ihn wieder zu sich. Er besuchte daraufhin wieder die Grundschule.

Der Mutter gehorchte er nicht, er fluchte, jähzornig, strolchte herum, zertrümmerte Möbel. Bei stationärer Beobachtung zeigt er sich äußerst wild, aber ansprechbar; bei strenger Führung kommen keine wesentlichen Klagen. Er malt auffallend gut. Intelligenzquotient 88. Zeitweise noch Bettnässer, unruhiger Schlaf, starkes Onanieren (schon mit 4 Jahren sexuelle Spielereien). Im EEG diffuses Krampfgeschehen.

Hier handelt es sich nach Rennert um einen Übergangsfall zur Kleptomanie, wobei die epileptoiden oder latent-epileptischen Zeichen bemerkenswert sind, anscheinend aufgrund einer organischen Hirnschädigung.

Epileptische Demenz

Ein 11jähriger Junge führt im 9. Lebensjahr viele Diebstähle aus, u. a. Roller, Luftpumpen, Obst, Geld aus der Ladenkasse. Er nimmt einem Kind auf der Straße Geld ab, verübt sogar einen Einbruch. Dies alles ereignet sich innerhalb weniger Wochen, wobei Gegenstände und Geld im Werte von 4000 DM zusammenkommen.

Sein Bruder leidet an Epilepsie. Bei ihm traten im ersten Lebensjahr Krämpfe auf, später Bettnässen, Ängstlichkeit, schlechter Schlaf, Kopfschmerzen sowie ausgesprochener Jähzorn. In der Sprachentwicklung rückständig. In der Schule verlacht und gehänselt. Das Elternhaus (Stiefvater) ist ordentlich. IQ mit 9 Jahren 90, mit 11 Jahren 59, zweimal sitzengeblieben und danach Sonderschule.

In der Klinik wenig aufmerksam, traumhaft-verspielt, aufsässig und gewalttätig, zwischendurch gutmütig, aufgeschlossen und hilfsbereit. – Hyperhidrosis, feinschlägiger Tremor der Hände sowie positiver Chvostek bds. bei normalem Ca:K-Quotienten.

Auch hier sieht Rennert einen Übergangsfall zur Kleptomanie, mit erstaunlicher Häufung von Diebstählen mit 9 Jahren bei relativ günstigem Milieu und späterem Sistieren der Diebstähle, als Beispiel für einen ablaufenden organisch bedingten Prozeß bei schnell zunehmender Demenz.

Epilepsie, Porio–Pyromanie

Ein Junge von 11 Jahren lügt und stiehlt seit dem 6. Lebensjahr. Er schwänzt oft die Schule. Mit 9 Jahren trieb er sich bereits nachts herum, stahl alles, was ihm unter die Finger kam, zerstörte viel, erpreßte Kinder und wollte sogar die elterliche Wohnung anzünden. Der Junge ist unehelich geboren, der Vater unbekannt, die Mutter ist geschieden und wieder verheiratet.

Als Kleinkind Krampfanfälle, später ausgesprochene Drang- und Erregungszustände. Die Großeltern wurden mit ihm nicht fertig, er kam in verschiedene Heime, wo man seiner schwierigen Verhaltensweise ebenfalls nicht Herr wurde. In Gemeinschaft wegen seines explosiblen Verhaltens und Stehlens untragbar. Er besuchte die Sonderschule, zeigte aber bei Prüfung einen normalen IQ. Wegen seines unruhigen, dranghaften Wesens konnte man ihn nicht in der Kinderabteilung behandeln, sondern mußte ihn in die Wachabteilung verlegen. Er zeichnet sehr gern, auch spontan, vor allem blutrünstige Szenen mit den verschiedensten Mordwaffen.

Dieser Fall ist für Rennert insofern aufschlußreich, als er den Zusammenhang von kleptomanen, poriomanen Tendenzen und Drang- und Verstimmungszuständen epileptischer Art zeigt, verquickt mit ungünstigen Milieufaktoren.

Grenz-Debilität

„Ich bin Mutter von drei gesunden Kindern und Hausfrau, und ich schätze meinen Mann sehr, da er arbeitsam und treu ist".

Bärbel K. ist 36 Jahre alt und arbeitet als Packerin. In einer Kaufhalle nimmt sie 5 Kerzen, eine Tasse und einen Mantel mit. Als sie außerhalb des Kaufhauses darauf angesprochen wird, leistet sie Widerstand, kratzt und beißt, daß ihr die Brille von der Nase fliegt. Auf diese Weise hilflos (12–14 Dioptrien) schlägt sie noch mehr um sich, so daß sie schließlich mit „einfacher körperlicher Gewalt" festgehalten werden muß. Später verweigert sie alle

Angaben zur Person und beim Protokoll auch ihre Unterschrift.

Mit einem IQ von 82 ist sie eine am Praktischen orientierte, rechtschaffene, schlichte Frau, die ihre Kinder von 7, 11 und 13 Jahren gut versorgt. In der Verpackungsindustrie übt sie tagein, tagaus dieselben Handgriffe aus, mal schnell, mal langsamer und geht im Grunde ohne Besonderheiten durchs Leben. Ihr Gesichtskreis ist nicht nur durch starke Kurzsichtigkeit, sondern buchstäblich in jeder Weise eingeengt. Dabei versteht sie es, sich modisch zu kleiden und ihre Kurzsichtigkeit geschickt zu übertünchen. Sie weiß, was „mein" und „dein" bedeutet und kennt die Bedeutung einer Verletzung der Rechtsgüter anderer.

Mit ihrem Mann hat sie keine Schwierigkeiten. Auch dessen geistige Kräfte sind überschaubar, er arbeitet als Bäcker in einer Brotfabrik. Mit der Regelung, daß jeder sein verdientes Geld selbst braucht, sie für den Haushalt und er für die Sonderausgaben, ist sie nicht unzufrieden. Auch rauche und trinke ihr Mann nicht. Dafür verspielt er aber sein übriges Geld, zwei- oder dreimal in der Woche am Spielautomaten. Sie hat das Gefühl, daß sie auch mal etwas Besonderes haben wolle und kommt selbst darauf, daß ihre Fehlverhaltensweise beim Wegnehmen der Gegenstände eine Art Ausgleich ist, insbesondere das „Theater" danach. Das sei so, wie wenn die „Flipper" klingeln.

Debilität

Ricardo F. stammt aus Mecklenburg, wo er 1939 geboren wurde. Als Alkoholkranker ist er allen einschlägigen amtlichen Stellen bekannt, da er Gefahr läuft zu verwahrlosen und Zeichen von Dissozialität aufweist. Trifft man bei ihm den richtigen Ton, ist er anstellig und gutmütig, was ihn aber nicht hindert, immer wieder kleine Diebereien zu begehen. So hat der sogenannte ‚chronische Alkoholiker' in Kaisers Kaffeegeschäft eine Tafel Schokolade und später bei ALDI eine Leberwurst und einen Käse gestohlen. Am nächsten Tag noch eine Taschenflasche Korn.

Im ganzen ist er eher unfähig, aus eigener Kraft seine dissozialen Neigungen zu beherrschen. Wenn man nicht nur seine Bagatelldiebstähle berücksichtigt, sondern seine Mentalität und seine eingeschränkten geistig-seelischen Möglichkeiten, so ist eine geeignete fürsorgliche Maßnahme auf Dauer für ihn nicht zu umgehen.

Er hat keine Lebensziele, keinen Lebensinhalt. Er hat weder den Wunsch gelegentlich zu arbeiten, noch herumzustreunen oder zu vagabundieren. Er sei ohne Bleibe. „Wenn ich angeschossen bin", lacht er alkoholisiert, „dann überlege ich immer erst nachher".

Der Richter befindet, daß wegen Schwachsinn bei ihm nur eine erheblich verminderte Schuldfähigkeit in Betracht kommt und schickt ihn, der eine Rente von DM 900,– bekommt, mit einem Bußzettel wieder nach Hause, da er „mit einem Grad der Wahrscheinlichkeit der vernünftige Zweifel ausschließt, keine Schuldunfähigkeit" feststellen könne.

Paranoide Entwicklung

50 Jahre ist Marianne H., als man sie erstmals zur Untersuchung einweist, nachdem man bereits drei Verfahren wegen Ladendiebstahls gegen sie eröffnet hatte.

Zuerst hatte sie Textilien mitgenommen und eine Buße von 400,– DM zu zahlen. Beim zweiten Mal verdoppelte sich der Betrag und schließlich waren es zwei Monate Haft, zur Bewährung ausgesetzt.

Sie war ein Bild des Jammers, nachdem sie wiederum einen Damenrock im Wert von 189,– DM bei HERTIE entwendet hatte. Sie berichtete von ihren vielen Krankheiten, nicht zuletzt von einer gynäkologischen Operation, und daß sie sich nicht mehr erholen werde, daß sie Krebs habe.

Seit es ihr schlechter ginge, über Jahre hinweg, habe sie ihren Mann immer mehr vernachlässigt. Sie machte kein Hehl aus der Tatsache, daß sie mehr Diebstähle begangen habe, als bisher bei

Gericht bekannt sei. Außerdem schimpfte sie auf ihren Ehemann, mit dem sie über 25 Jahre verheiratet sei, leider aber keine Kinder habe. „Er ist als Vertreter viel unterwegs und fährt durch Schleswig-Holstein und auf die Inseln. Er hat eine andere Frau, die ist Abteilungsleiterin bei Karstadt, mit der trifft er sich immer. Ich habe ihn auch bei Karstadt gesehen, und er hat mich verleugnet, d. h. er ist an mir vorbeigegangen. Zum Wochenende sagt er, er geht zum Sportplatz. Dann trifft er sich mit ihr. Sagen Sie nur nichts davon, dann schickt er mich noch weg oder läßt sich scheiden, und ich weiß nicht mehr weiter".

Der Richter ließ sich durch ihre Schilderungen dazu bewegen, das vierte und fünfte Verfahren wegen geringfügiger Schuld, ohne Kosten für die Betroffene, mit Zustimmung des Staatsanwalts, einzustellen. Doch schon bald kam die Frau wegen eines Rückfalls wieder zur Begutachtung. Die Karzinophobie hatte sich in hypochondrischer Weise verstärkt, und die Schilderungen über ihren Ehemann wurden immer monströser. „Ich rieche es an seinem Anzug, wie er nach Parfüm riecht". Und: „An der Fußmatte im Auto kann ich erkennen, wenn einer auf dem zweiten Platz saß. Er sagte, es sei vom Schirm, den er dahingestellt hatte. Aber mir kann er nichts mehr vormachen".

Der Ehemann schilderte dies alles folgendermaßen: Seine Frau quäle ihn ununterbrochen mit der Frage, wo sie wohl hinsolle, wenn er sie verstoße und sie ein Pflegefall werde. Sie fühle sich schwach und zerschlagen, mache ihm aber ständig Vorwürfe. Seit 1966 sage sie, daß er sie mit einer Frau betrüge, die er während der Schulzeit einmal gekannt habe. Dennoch könne er sie nicht veranlassen, sich in spezialärztliche Behandlung zu begeben.

Das Ventil dieser paranoiden Entwicklung, die sich von Jahr zu Jahr intensivierte, war der Gedanke, das Kaufhaus zu schädigen, in dem die angebliche Nebenbuhlerin tätig sei. Sie wollte, im erweiterten Sinne, der Frau, der Freundin ihres Mannes, schaden, indem sie den Betrieb schädigte, wo sie sich betätigte. Schließlich dehnte sie ihre Diebstähle auf die Kaufhauskette aus, und das an einem Tag, an dem der Ehemann sie mit auf Reisen nahm, um ihr zu beweisen, daß ihre Vorwürfe unbegründet seien.

Hirnverletzung (Dekompensation)

1944 erleidet Klaus H. eine Stirnverletzung. Anfang 1945 hat er mehrere Krampfanfälle epileptischer Art. Er wird vom Militär als dienstunfähig entlassen und bekommt eine KDB-Rente von 50 %.

Die Narbe über der Stirn ist eingezogen und sieht von außen aus, als habe man ihm mit einem Pickel von vorne in den Schädel geschlagen.

Bis 1976 arbeitet H. regelmäßig und unauffällig als Straßenwärter, heiratet eine Näherin und hat 2 Kinder. Mittlerweile ist er Großvater und bearbeitet, seit man ihn mit 58 Jahren „in Rente" schickte, seinen Garten.

Er sagt von sich, „es ging nicht mehr so, ich hatte öfters ein dumpfes Gefühl im Kopf, und dann konnte ich nicht so gut nachdenken. Auch wenn ich mich im Garten bückte, war es mir schwer".

Wegen Diebstahls geringwertiger Sachen, den er im Supermarkt der nahegelegenen Kleinstadt beging, verurteilt man ihn 1979 zu 10 Tagessätzen von 45,– DM und 1980 zu 20, bei einer Rente von 1.200,– DM im Monat.

1981 erleidet er einen Krampfanfall, der als posttraumatisch erkannt wird. Einige Wochen vorher, Ende 1980, war er im Kaufhaus KARSTADT in einer Mittelstadt, wohin er zum Einkaufen gefahren war, gestellt worden, als er u. a. 1 Hut – er trägt seit Jahrzehnten eine Mütze, früher zur Arbeit, heute im Garten – 1 Kostüm und auch einen Babyanzug sowie Süßigkeiten (die er nicht mag) stehlen wollte. An diesem Tage hatte er nach eigener Aussage ein dumpfes Gefühl im Kopf.

Seit dem Anfall bekommt er Tegretal und Limbatril sowie Valium, welches ihn aber nur müde mache. Er fühlt sich aber wohler und fährt gar nicht mehr einkaufen. „Früher, als es den Krämerladen noch im Dorf gab, wär' mir das nie passiert, selbst wenn ich Anfälle gehabt hätte oder Kopfschmerzen, wie damals. Dann wär' ich solange zu Hause geblieben, und da kennt mich ja auch jeder".

Impotenz

„Zu den Taten meines Mannes habe ich folgendes zu sagen: Ich bin mit ihm seit 40 Jahren verheiratet, und er hat sich nie etwas zu Schulden kommen lassen (ehrenamtlich war er 40 Jahre in der Feuerwehr tätig). Bis die Sache begann mit seiner Impotenz, als er nicht mehr berufstätig war. Er wurde nervös, gereizt, war wie abwesend und konnte stundenlang herumstehen, ohne etwas zu tun.

Es fing damit an, daß er sich Zigarren in die Tasche steckte, ohne sie zu bezahlen. Dabei haben sie ihn auch zweimal zu fassen bekommen. Dabei hat er auch seine Strafe bekommen. Ein anderes Mal waren wir zum Einkauf und wollten Türbeschläge kaufen. Die hat er in den Einkaufskorb gelegt, und versehentlich die dazu passenden Schrauben in die Einkaufstasche geworfen (Preis 1,75 DM). Das wurde vom Hausdetektiv beobachtet, und der hat ihn auch festgenommen und der Polizei übergeben. Dann bekam er von der Staatsanwaltschaft eine Rechnung von so 100 DM. Da war er denn so geschockt, er sagte wörtlich, ‚für 1,75 DM wird man bestraft wie ein großer Dieb‘. Die 100 DM haben ihn auch nie zur Ruhe kommen lassen.

Dann mußten wir auch noch unsere Mutter aufnehmen, die bisher allein wohnte, die uns nervlich sehr zu schaffen machte. Da wir beim Bauen waren, mußten wir nach Neumünster, um Fenster zu bestellen. Gleichzeitig wollte mein Mann sich eine Hose kaufen, und ich war woanders hin, um mir etwas anzusehen. Dabei hat mein Mann so einige Sachen an sich genommen, und sie haben ihn wieder zu fassen bekommen.

Für mich ist das alles unverständlich, und schwer zu begreifen. Es muß doch etwas in seinem Kopf vorgegangen sein, denn er wurde hinterher so seltsam und abweisend. Und eines Nachts mußte ich ihn ins Krankenhaus bringen lassen, mit einem Anfall, der sich noch einmal wiederholt hat. Nun muß er ständig Medikamente und Beruhigungstabletten nehmen. Das ist nun alles, was ich zu berichten habe und wünsche nur, daß die Richter Milde walten lassen, denn mein Mann ist schon genug gestraft worden.“

Pfropf-Depression

Eine 55 Jahre alte, vom Leben gezeichnete Hausfrau, deren erster Mann gefallen war, hat mit dem zweiten, der große Kinder in die Ehe brachte, einen 10jährigen Jungen. Dieser Mann, früher Alkoholiker, nun an Herz, Kreislauf und Lunge erkrankt, ist empfindlich und reizbar und achtet zu Hause darauf, daß sie keine Fehler macht. Im Laufe der Zeit nimmt sie mehrmals Kleinigkeiten mit. Es handelt sich dabei um alltägliche Dinge, etwa um Seife. Mehrfach bestraft, arbeitet sie als Putzfrau, um die Geldbußen abzubezahlen, kommt aus den Schulden aber nicht heraus.

Bei der Untersuchung stellt man bei ihr Debilität fest und bewahrt sie so in der fünften Gerichtsverhandlung durch Annahme von Schwachsinn mit mangelnder Einsichtsfähigkeit, vor dem Gefängnis (§ 21 StGB). Als Auflage muß sie alle 4 Wochen in die nervenärztliche Sprechstunde beim Gesundheitsamt. Eine Tages sitzt sie dort, ratlos, fahl, ohne Schwung, amorph und ohne Antrieb oder Initiative. Daraufhin wird der Hausarzt unterrichtet, sofort eine antidepressive Medikation zu beginnen.

Am nächsten Tag geht sie in einem Bekleidungshaus „wie suchend durch die Gänge". Sie wird beobachtet, wobei ihre Hilf- und Ratlosigkeit als ‚Suchen im Regal' geschildert wurde, bis sie einen Lurex-Pullover ergreift, der in der Größe weder ihr noch ihren Kindern paßt.

Der psychotische Ausnahmezustand vom Vortag machte es dem Gutachter diesmal leichter: Die als schwer erkenntliche Depression mit erheblichen Schlaf- und Appetitstörungen und Veränderungen der Vitalsphäre, im Kopf lokalisiert, unterliegt wegen und bei Berücksichtigung der Minderbegabung einer Schuldunfähigkeit, also Freispruch bei krankhafter seelischer Störung im Sinne einer Pfropf-Depression.

Hyperthyreodismus

Eine junge Frau, 37 Jahre alt, seit 9 Jahren verheiratet, bis zur Ehe integer, 15 Jahre lang als Protokollführerin bei einem Obergericht verantwortlich und zuverlässig tätig, nimmt Pullover, Strumpf-hosen und Trachtenstrümpfe mit, alles Sachen, die sie für ihre Kinder gut gebrauchen kann, und gibt die Hälfte dieser Sachen ihrem einsilbig, ordentlich, rechtschaffenen und arbeitssamen Mann, der sie im Kaufhaus abholt, zum Tragen in die Hand. Bei-de werden gestellt. Der Mann ahnte nichts, wurde aber als „Mit-wisser" zu einer Geldbuße von 50,– DM verurteilt. Die Ehefrau dagegen wurde freigesprochen.

Eine Kette von Beschwerden und Beschwernissen führten zur Tat. Gallenoperation und gynäkologische Schwierigkeiten brach-ten Ehestreit, verbunden mit Auseinandersetzungen über das Te-stament eines an Krebs gestorbenen Bruders des Mannes. Die Schwiegermutter, die zunächst aufs Erbe verzichtete, komplizier-te durch tägliche Besuche und Ansprüche zudem die Situation. Am Tattage war sie prämenstruell. Wegen der ständigen Schild-drüsenüberfunktion und ihrer außerordenlichen Nervosität nahm sie schließlich L-Thyroxin 50. „Und da wurde es ganz schlimm, bis ich ganz durchdrehte, und nun weiß ich gar nichts mehr". Die Mitteilung einer für notwendig erachteten Gebärmutterentfer-nung wegen Prolaps ließ die 190 cm große, allgemein vegeta-tiv-endokrin Beeinträchtigte in einen für sie artfremden Ver-sagenszustand kommen. Ihr Hausarzt fand sie „total verwirrt" und reduzierte die Medikation auf ein Drittel, so daß das Gericht eine tiefgreifende Bewußtseinsstörung unterstellte.

Valium und Alkohol

Ihr Mann war Kapitän, der Sohn auch. Beide waren Ewerführer und kreuzten in der Elbmündung. Die Männer brachten es im Monat zusammen auf über 12.000 DM. Sie hatte es daher gar nicht nötig, halbtags eine Buchhalterstelle zu übernehmen. Doch sie rechnete gern und fühlte sich mit dem kleinen Haushalt unterfordert.

Weil sie Schmerzen hatte, war sie beim Zahnarzt angemeldet. Dadurch beeinträchtigt und aufgeregt, nahm sie zur Beruhigung zwei Valium 10. Sie wollte um 9 Uhr morgens weggehen. Vorher stellte sie das Radio an, um den Wetterbericht zu hören, denn ihre Männer waren „draußen". Sie hörte eine Sturmwarnung, Windböen bis Stärke 11 aus Nordwest seien zu erwarten. Das brachte sie „außer sich". Im Jahr zuvor waren Vater und Sohn auf einem Schiff „abgesoffen" und bei ähnlichen Wind- und Flutströmungen erst unter schwierigen Umständen gerettet worden. Sie trank „ein oder zwei Cognac, was nicht meine Art ist" und „ging voll innerer Unruhe los".

Bei einem kleinen Selbstbedienungsladen machte sie Halt, nahm „eine Fischdose mit Heringsfilet für 1,75 DM und ging wieder raus . . . ich hatte ja den ganzen Eisschrank voll, ich weiß gar nich' wie . . . "

Die Anschuldigungsschrift traf sie schwer, und sie weinte sich „vor der Schande" in eine jammerig-depressive Haltung, „wenn ich verurteilt werd', mach ich Schluß!" Die Vorgeschichte zu erheben dauerte zwei halbe Tage.

Ihre Männer waren verständnisvoll, der Richter sah wegen eines einfühlbaren, nachzuvollziehenden psychischen Ausnahmezustandes von Geldstrafe oder -buße ab, und die Kapitänsfrau zahlte freiwillig einen vierstelligen Betrag für die Deutsche Lebensrettungs-Gesellschaft (DLRG).

Kinderwunsch

Sie sind inzwischen 10 Jahre kinderlos verheiratet. Er lernte sie (17) als Fähnrich (19) kennen. „Wir waren wie die Kinder und wollten selber noch keine . . . dann waren wir zwei Jahre in Amerika zur Jet-Pilotenausbildung . . . wir sind oft umgezogen, aber jetzt haben wir ein schönes Haus mit Strohdach am Deich . . . ich bin viel allein . . . öfter passe ich auf die Kinder von der Nachbar-

schaft auf . . . unser Garten ist wie ein Abenteuerspielplatz . . .
wenn die Kinder abends abgeholt werden, atme ich manchmal
auf, bin aber etwas traurig, weil ich selber keine habe . . . tagsüber
rede ich viel mit mir selbst oder meinem Hund . . . aber wir fah-
ren viel in Urlaub, meist mit dem Wagen, da unser Hund nicht
fliegt . . . von Nord nach Süd mit Besuch der Kirchen in Fulda,
Bamberg, Würzburg, Bayreuth, Regensburg . . . überall habe ich
Sachen eingesteckt. Mein Mann steigt auf die Kirchtürme, und
ich gehe ins Kaufhaus . . . meistens gucke ich zuerst in die Abtei-
lung für Kinderspielzeug, dann zur Kinderbekleidung . . . besuche die Caféteria . . . und dann zu den Damenkleidern . . . da
stecke ich mir rote, grüne, violette Kleider in die Einkaufstasche . . . ich habe eine schicke Modellfigur . . . ich entwerfe meine
Kleider selbst und schneidere gut . . . Wenn ich mich mit meinem
Mann wieder treffe . . . in einem Café oder so, hänge ich die Kleider dort in die Toilette . . . Als ich schließlich in Hamburg auf der
Rückreise gefaßt wurde, war ich erleichtert . . . Zwei nette Polizi-
sten haben mich die ganze Nacht vernommen und alles mögliche
gefragt, was nichts damit zu tun hatte, und nun bin ich hier zur
Untersuchung . . ."

Die Ehe geriet dadurch in eine schwere Krise. Durch ein inten-
sives, mit beiden geführtes Gespräch ließ sich dann aber doch
noch alles zum Guten wenden:

Nach 8 Wochen kam eine bunte Karte, die eine vollbusige Am-
me mit rosigem Baby zeigt, mit der Ankündigung, daß der Ge-
burtstermin in 7 Monaten sei. Das Gutachten war zurückgestellt
worden – das Verfahren fand nicht mehr statt.

Voyeurismus

63 hochhackige Stöckelschuhe, meist Einzelschuhe, in grellen
Farben und 127 Knirps-Schirme aller Sorten wurden auf einem 50
Hektar-Hof entdeckt. Der Besitzer war nach Jahren seiner Sam-
melleidenschaft in einem Großstadt-Kaufhaus bei der Wegnahme
von einem rosa Taschen-Knirps gefaßt worden.

Der sonnengegerbte, hünenhafte Mann mit bleicher Stirnglatze war selbst für jemanden, der nicht detektivisch tätig ist, als bäuerlicher Traktorfahrer, der bei der Feldbestellung die Mütze gegen die Sonnenbestrahlung aufbehält, erkenntlich. Bei der Einvernahme brach er zusammen.

Jahrelang war er als Spanner nächtens durch die Marsch geeilt und hatte die Landwirte seiner weiteren Nachbarschaft in den Einzelgehöften auf den Warften beobachtet, wenn sie zu Bett gingen. Anderntags zog er los und „besorgte" sich seine idolhaften Symbole in Form von Knirpsen und Stöckelschuhen.

Ebenso handelte er, wenn er Ehepaaren oder Pärchen beim Intimverkehr zugesehen hatte. Diese Gelegenheiten verschaffte er sich über kleine Anzeigen zur Partnersuche in den Annoncenblättchen bei Angeboten von 200 bis 300 DM etwa jede Woche einmal. 2–3 mal ging er nachts zu seinen „Beobachtungen". Wenn er „unterwegs" war, fand keine Onanie statt, auch nicht vor, während oder nach dem Stehlen von Knirpsen oder Stöckelschuhen; es führte auch nicht zu Ejakulationen oder Erektionen. Zu Hause waren vier Kinder und seine Frau, mit der er ohne (perverse) Besonderheiten ebenfalls 1–2 mal in der Woche Verkehr hatte.

Der Mann war am Ende seiner Kräfte, in jeder Weise; mit dem Hof ging es bergab. Erst nach Begutachtung und Gerichtsverhandlung konnte er von seinem Anwalt überzeugt werden, daß er „eigentlich kein Dieb" sei, sondern „krank". Die psychotherapeutischen Bemühungen waren erfolgreich.

Teamwork

Mit 12 Jahren erlitt Richard einen Verkehrsunfall: Angefahren, durch die Luft gewirbelt, lag er 14 Tage ohne Bewußtsein auf der Intensivstation. 2 Jahre später stellte sich erstmals ein generalisierter Anfall ein, später wurden es 3 oder 4 im Jahr. Bei unregelmäßiger Einnahme von Antiepileptika kamen die Anfälle häufiger, zuletzt überfielen sie ihn 2–3 mal im Monat.

Ohne Schulabschluß (IQ heute 88), mit unregelmäßiger Beschäftigung, zeitweise dem Alkohol ergeben, lernte Richard (inzwischen 22) Elvira (17) kennen. Sie war das 8. Kind von 10 Geschwistern, hatte Hauptschulabschluß und 1 1/2 Jahre in der Fa-
brik gearbeitet. Kevin wurde im Juli geboren, die Heirat war im
Herbst, das Elend aber groß.

Richard merkte das Heranziehen seiner Anfälle, wenn er sich
schlecht fühlte, moros-verstimmt mit diffusen Kopfschmerzen;
außerdem traten während der hingezogenen Aura mit Unterbre-
chungen Geräuschsensationen als Maschinenbrummen auf. Nach
dem Anfall brauchte er 15 bis 20 Minuten, bis er „wieder zu sich
kam".

Elvira (IQ 107), schlau, bleich, mädchenhaft, unscheinbar, re-
tardiert wie eine 14jährige, hörig-treu, setzte ihn in diesen
Aura-Zeiten zur Ablenkung in Läden ein, die sie in „gesunden
Tagen ausgeguckt" hatten. Sie ging mit dem Säugling auf dem
Arm, später ließ sie das Kleinkind durch die Regale toben. Richard interessierte sich unabhängig von Elvira oder dem Kind
meistens für die angebotenen Waren in der benachbarten Ver-
kaufsabteilung; die Strategien wechselten je nach Größe des Ge-
schäftes oder Supermarktes.

Wenn Richard meinte, daß ein Anfall bevorstehe, sausten sie
im Auto zum vorbestimmten Laden. Manchmal ereilte es ihn im
Wagen, und sie mußten ohne Erfolg umkehren. Sie hatten sich
Anfalls-Provokationen zur Auslösung oder Verzögerung ausge-
dacht und probiert. Sondereinnahmen von Zentropil, Distraneu-
rin oder Valium mit einer Dose Faxe (1/2 Liter dänisches Bier)
oder einen Flachmann mit Korn „nach eigenem Rezept" wurden
in verschiedenen Mischungen eingenommen. Sie meinten im
Laufe der Zeit die für ihre Zwecke geeignete Kombination anhand seiner Befindlichkeit, Jahreszeit, Witterung usw. abschätzen
zu können.

Wenn Richard seinen Anfall bekam, benutzte Elvira den Tu-
mult und die Aufregung im Laden, um gezielt Radios, transpor-
table Fernsehapparate, Cassettenrecorder, Fotoausrüstungen zu
stehlen, also ausschließlich Ware, die beim Hehler schnell zu fe-
sten Preisen absetzbar war. Ihren Mann wußte sie sicher im Not-

arztwagen. Gelegentlich kam er auch mit einem Taxi, gestellt von der Geschäftsleitung und in Begleitung eines besorgten Angestellten, erfrischt und gestärkt wieder zu Hause an.

3 Jahre zog das Pärchen mit ihrem trickreichen Verhalten durch die Lande, bis Elvira beim Abfahren ein parkendes Auto rammte, weiterfuhr, gesehen, gemeldet, verfolgt und gestellt wurde, mit Kind und dem Diebesgut, so daß die Kriminalpolizei ihre „Erfolgs-Serie" aufklären konnte.

Protest

Eine Quietsch-Ente aus Plastik zum Preis von 2,40 DM führte den Oberbootsmann und Berufssoldaten mehrfach vor Gericht.

Am 23. Dezember stellte er sich in der Spielzeug-Abteilung des Kaufhauses in das vorweihnachtliche Gewühle. Er wollte den Eindruck erwecken, etwas zu stehlen und strich, auffällig-unauffällig, um sich schauend, um die Regale. Hier nahm er etwas zur Hand, stellte es wieder zurück, dort betrachtete er interessiert ‚handliche' Sachen. Bald hatte er den Eindruck, beobachtet zu werden.

Wegen des Andrangs in den Tagen vor Weihnachten hatte die Geschäftsleitung Lehrlinge und Gesellen aus der Dekorationswerkstatt als „Hilfs-Sheriffs" zu Beobachtung des Geschäftsganges bestellt.

Einer dieser jungen Schaufenstergestalter, gerade 20 Jahre geworden, fühlte sich in der ihm übertragenen Rolle nicht wohl. Das steigerte sich, als er einen Mann im Alter von etwa 45 Jahren, ihm auffällig und verdächtig, um die Regale streichen sah. Um sich Gewißheit zu verschaffen, wechselte er mehrfach seine Position. Schließlich ‚faßte man sich gegenseitig ins Auge', der Beobachter und der Beobachtete, wie Komplizen um den Ablauf der Dinge wissend. Da wurde der Dekorateur gewahr, wie der Mann tatsächlich etwas in die Tasche steckte. Beim Heruntergehen einer Treppe im Umkreis der zuständigen Kasse stellte er dann den Mann, aufgeregt und ungern. In der Geschäftsstelle kam eine Quietsch-Ente zum Vorschein.

Der Oberbootsmann in Zivil erklärte, es handele sich nicht um einen Diebstahl. Seine Kinder seien 17 und 19 Jahre alt, er habe keine Verwendung für eine Quietsch-Ente, es sei eine Protest-Handlung:

In einer gerichtlichen Auseinandersetzung habe der Richter für ihn als Geschädigten einer Firma beim Bau seines Eigenheimes nur 9000 DM festgesetzt, wo erwiesenermaßen 16.000 DM Schaden entstanden seien. Er fühle sich geprellt, betrogen und wolle dies anhand der für ihn nichsnutzigen Quietsch-Ente vor einem Richter bekunden, denn jetzt könne er „die Gerechtigkeit" nicht mehr verstehen. Auch habe er lange hin- und herüberlegt, welchen – für seine Verhältnisse – unsinnigen Gegenstand er am besten als Beweis nehmen solle. Im übrigen sei ihm vor Wochen eine „Beweisaktion" bereits „daneben gegangen", als er eine Stange Zigaretten „aus Protest" mitgenommen habe. Die Folge war ein Strafbefehl über 500 DM. Sein Anwalt habe ihm geraten, sich eine „beweiskräftigere" Sache auszusuchen, das sei nun die Quietsch-Ente. Doch er erhielt, mit dem Hinweis, daß eine Quietsch-Ente letztlich „jedermann" Lust bringen könne und somit eine Bereicherungstendenz konstatierbar sei, eine weitere Geldstrafe.

Die kleine Strafkammer ging darauf in der Berufung nicht ein, sondern erörterte, inwieweit die Zone der Kasse schon als „offensichtlich" überschritten angesehen werden könne, oder nicht. Es erfolgte Freispruch wegen Geringfügigkeit.

Das Truppendienstgericht verhandelte den Vorfall 1 1/2 Jahre später. Von Strafverfolgung sei nur wegen „geringfügiger Schuld" abgesehen worden. Seine „Schuld" sei gerichtsnotorisch in der Einstellungsverfügung festgehalten. Durch die Wegnahme der Quietsch-Ente habe er dem Ansehen der Bundeswehr und damit dem deutschen Volke geschadet. Die Verhandlung währte von 8 bis 22 Uhr mit langem Verhör des Zeugen mit Skizzen auf großen Schultafeln über die Lage der Kasse zur Treppe usw.

So hatte der neurotisch fixierte Soldat – mit guter dienstlicher Beurteilung – dreimal Gelegenheit vor Richtern, seinen Protest über „sein Unrecht" im Bauprozeß vorzutragen. Auch nach psychiatrischer Begutachtung und dem Versuch psychagogischer

Beeinflussung blieb er in der Tendenz seines Gerechtigkeitsverständnisses ungebrochen.

Übersprungverhalten

Immer wenn Staatsbedienstete in Konflikt mit dem Gesetz geraten, hat es die Justiz nicht leicht. Gerade bei Bagatell-Delikten wirkt sich die Doppelgleisigkeit der straf- und disziplinarrechlichen Ahndung folgenschwer aus.

Um „gerecht" urteilen zu können, um sicher zu sein, alle „gleich" zu bewerten, kommt „besondere" Gründlichkeit zum Zuge, die schon wieder „Befangenheit" erkennen läßt.

So ging es dem Feldwebel mit der Quietsch-Ente, dem Staatsanwalt mit dem Waschmittel Fakt, den Lehrern und Psychiatern bei „Verletzung" der Garantenpflicht und nicht zuletzt dem Staatssekretär, der lesend mit dem Buch aus dem Laden ging. Fast regelmäßig werden mehrere Gutachter in die Aufklärung einbezogen:

Ein Polizeimeister meldet sich zu einem Kommissar-Lehrgang. Es kommen Scheckfälschungen mit seinen Namenszügen vor. Seine Unschuld beteuernd, „überführen" ihn „mit 99 % Sicherheit" Gutachten zum Schriftvergleich der Urkundenfälschung. Der Kurs wird dennoch wegen guter Leistungen bestanden. Die Beförderung aber bleibt aus, es erfolgt die Versetzung auf die Planstelle für einen Kommissar, an anderem Ort – doch ohne Aussicht auf Anhebung. Die Ehefrau gesteht ihm zudem, daß sie während des Lehrganges intime Beziehungen zu seinem Bruder unterhielt und verweigert sich ihm, „dem Versager".

Nach 5 Schriftgutachten aber kommt die Wahrheit an den Tag. Ein anderer Kursteilnehmer war der Täter. In direktem zeitlichen Zusammenhang läßt der Kommissaranwärter jedoch eine Bluse mitgehen, die er seiner Tochter schenken will. Der erste Gutachter stellt eine „tiefgreifende Bewußtseinsstörung" fest, bei aggressiver Gehemmtheit mit Affektstau. Das zweite Gutachten – Prof. Venzlaff-Göttingen, dem ich diese Fallstudie verdanke – analysiert psychologisch den „Kulminationspunkt einer sich schon seit längerer Zeit vertiefenden, depressiv getönten krankhaften seelischen Entwicklung". Beide Sachverständige sprechen von einer „persönlichkeitsfremden" Übersprunghandlung, von einer symbolischen, selbstzerstörerischen Handlung im Sinne präsuizidalen Verhaltens, und konstatieren damit, deliktspezifisch gesehen, eine Schuld ausschließende Handlung.

Ganoven-Bagatelle

Ein 30jähriger, 25 mal vorbestraft, wird dem Amtsgericht vorgeführt. Es geht um eine Käseecke zum Preis von 1,14 DM: „Ich war doch angesoffen, hab' mich vertan ... besoffen hätt' ich sowieso nichts gemerkt ... Wenn ich 'ne Pulle Schnaps weggesteckt hätte und se hätten mich geschnappt, sitz' ich die 7 Monate wegen Rückfall auf der anderen Backe auch noch ab ... aber ne Käseecke, nö!"

Die Richterin und der junge Amtsanwalt redeten begütigend auf ihn ein, doch Strafe müsse sein. Das Ergebnis: „Mit Ihnen kann ich gar nich' reden! Sie versteh'n mich ja überhaup' nich'! Sie hab'n ja zusamm'n weniger Termine als ich Strafen auf'n Buckl hab'! Ich will 'n Sachverständigen, sonst geh' ich gleich in Berufung!"

Seine Argumentation war richtig und folgerichtig. Der später zuständige Richter, ein lebenserfahrener Mann, der „seine Kunden" kannte, machte der Sache mit der Käseecke wegen entschuldbaren Irrtums ein Ende.

Demonstration

Der Leiter eines heilpädagogischen Heimes (47) war zunächst Handwerker, dann Diakon mit Zusatzausbildung als diplomierter Sozial- und Heilpädagoge: In den 25 Berufsjahren, seit 12 Jahren selbständig (Ehefrau: Krankenpflegerin, 3 heranwachsende

Kinder) sind mir immer wieder Kinder und Jugendliche begegnet, die mit Unbedacht, Überlegung oder Unverfrorenheit etwas weggenommen haben. Sie sagten fast ausnahmslos, wie einfach und leicht das sei. Nach meiner Meinung hatten sie alle die Einsicht in das Unrechtmäßige ihres Tuns.

Wie einfach ist das? Wie leicht wird es einem gemacht? Diese Frage war gelegentlich bei mir da, tauchte auf und verschwand wieder. . . . Ich hatte meine Einkäufe für das Heim schon gemacht, alles im Auto verstaut. Da ging ich nochmal rein, um mir eine Gesamtquittung zur vereinfachten Buchführung zu holen – da war der Gedanke wieder da . . . mal ausprobieren . . . wie ist das Gefühl? . . . etwas durch die Kasse schmuggeln . . .

Mein Blick fiel auf einen Transformator (20 × 10 × 8 cm). Es war schwierig . . . von zwei Falttüren gedeckt . . . mit dem Karton . . . unter den Pullover zu bringen . . . ich wunderte mich, wie ich mit dem leeren Einkaufswagen durchkam. Nun wollte ich zur Information . . . wegen der Quittung . . . dort den Transformator abgeben: Da seht Ihr mal! Wie leicht das möglich ist! Und ich sage den Kindern, man faßt nichts an, was man nicht kauft!

Da standen andere Kunden . . . da war es mir peinlich . . . ich zögerte . . . ich überlegte, ob ich den Transformator in einen leeren Einkaufswagen lege . . . da kam der Detektiv . . . ich habe 50 DM Fangprämie bezahlt . . ."

Als man ihm seine Tat als Diebstahl vorhielt, verteidigte er sich mit dem Hinweis: „Es war ein Trafo, weil man den nicht so einfach wegstecken kann, es hätte auch was anderes sein können . . ." Seine Argumentation, er habe demonstrative Feldforschung betrieben, die ihm für seine praktische Heilerziehung Nutzen bringen solle, wurde „im Prinzip" Glauben geschenkt. Es kam zu einem „Denkzettel" von 900 DM. Im Berufungsverfahren fielen die Worte: grober Unfug, ungeschickt, umständlich, einfältig, IQ 120, ehrlich, glaubwürdig, nicht kriminell – Freispruch!

Klepto-Manie

Die Lehrerin lebte als Single auf dem Lande und gab Unterricht in einer Gemeinschaftsschule. Sie hatte im Laufe der Jahre an sich festgestellt, daß sie kurze Phasen, manchmal nur Aufwallungen von übersteigerter guter Laune hatte, wo sie buchstäblich tirilierend durch die Felder laufen konnte, um später über ihr Enthemmtsein zerknirscht und selbstgrüblerisch nachzudenken. Auf diese Weise hatte sich auch manche Bekanntschaft wieder gelöst. Ihr Hin- und Hergerissensein, der Wechsel der Gefühle und Stimmungen blieben für sie ohne Erklärung, die Angehörigen vermerkten es ratlos, ein Weg zum (Nerven-)Arzt kam nicht zustande.

Inzwischen 36 Jahre alt, ging sie in euphorischer Emphase zu einem Kaufhausbummel in die nächste Großstadt. In der Kleider-Abteilung suchte sie sich mehrere Modelle aus, nahm sie zum Anprobieren in die Umkleidekabine, zog dort vier übereinander und wollte „frohgemut von dannen ziehen". Angehalten, reagierte sie kess, frech-heiter; man hielt sie für „übergeschnappt".

Die Diagnose Cyclothymie mit manischen Entladungen und depressiven (Folge-)Zuständen bereitete bezüglich des Tatablaufs keine Schwierigkeiten, ebensowenig die Einstellung des Verfahrens, nachdem ihre Schuldunfähigkeit wegen „krankhafter seelischer Störung" nervenärztlich gutachtlich attestiert werden konnte. Die Dienstfähigkeit blieb nach der eingeleiteten medikamentösen Behandlung mit Lithium mitsamt Kontrolluntersuchungen und begleitender Psychotherapie erhalten. Die Einleitung eines Disziplinarverfahrens konnte vermieden werden.

Ausblick

Es fällt auf, daß es sich bei den hier angeführten Beispielen vielfach um Bagatell-Delikte handelt. Der Preis, bzw. Wert der mitgenommenen Gegenstände ist gering, die Ware klein oder handlich von Format, die Umstände sind zumeist besondere. Momente solcher Art brachten jeweils Staatsanwälte, Richter, Rechtsanwälte dazu, nicht an Diebstahl im Sinne der gesetzlichen Vorschriften zu denken. Häufig war bereits im Vorfeld der ermittelnden Kriminalbeamten klar, daß „etwas Besonderes" vorliegt.

Die Auswahl zeigt, daß alle Schichten betroffen sind. „Der kleine Mann" als Ladendieb ist keine Sensation, sondern Routine und Alltagserscheinung. Aber es ist ein Schock für den „Kaufhaus-König", wenn seine Frau für 1 Pfund Handcreme mitnimmt, wo doch ihr Mann 1/4 Million verdient, einen schwarzen Rolls Royce fährt und ein 10 Zimmer-Landhaus hat.

Nach meiner Übersicht sind die sogenannten „feinen Leute" nicht herausgehoben. Der Schauspieler Martin Semmelrogge, „diesmal bei Ladendiebstahl ertappt" (Schleswiger Nachrichten vom 15.3.1985), bekannt als Wachoffizier im ‚U-Boot'-Film, von „Tatort"- und „Derrick"-Krimis, steckte Spielzeugmunition in die Manteltasche und hatte ein BMX-Rad zu Hause, das in der Vorwoche im Kaufhaus verschwunden war. Das an sich ist nichts Besonderes. Die Beobachter oder Vernehmenden schöpfen in der Regel unabhängig von der Schichtenzugehörigkeit erst durch die deliktspezifischen besonderen Verhaltensweisen Verdacht, und auf diesem Wege kommt dann die Frage nach der „kleptomanen Veranlagung" ins Spiel.

Die Kleinheit oder geringe Wertigkeit, die Merkwürdigkeit, Unbrauchbarkeit, Sinnlosigkeit, ‚Persönlichkeitsfremdheit', das sind dabei die bemerkenswerten Symptome des Auffälligwerdens.

Der Durchschnittswert der gestohlenen Gegenstände ist von 1986 auf 1988 weiter gestiegen, von 118 DM auf 136 DM. Erwägung in Richtung gesteigerter krimineller Tendenz spielen bei Überlegungen zur Kleptomanie seit altersher jedoch praktisch keine Rolle.

Am Ende erweist sich die *Kleptomanie* daher weniger als eine „Krankheit" noch als spezifisches psychopathologisches Syndrom, sondern als die Umschreibung für ein Nicht-Wissen, für die Frage nach einem der Aufklärung bedürftigen (Tat-)Umstand zur Feststellung bzw. zum Ausschluß der Schuldfähigkeit.

Horst Wuttke:
Zur Strafbarkeit der Kleptomanie

Die Rechtslage in der Bundesrepublik Deutschland, in Österreich und der Schweiz

1. Zur Problematik

Die Kleptomanie ist ein vielschichtiges Phänomen. Es kann und muß von verschiedenen Seiten betrachtet werden. Seine Mehrdimensionalität läßt sich sehr schnell verdeutlichen:

Wenn man die auch dem Laien verständliche Übersetzung des Fremdworts ‚Kleptomanie‘ durch die Begriffe ‚Stehlsucht‘ oder ‚Stehltrieb‘ akzeptiert und das Augenmerk zunächst auf die zweite Komponente des zusammengesetzten Begriffs – nämlich die Sucht oder den Trieb – richtet, hat man sich in erster Linie mit dem Aufgabenbereich des Mediziners zu befassen. Er ist gefordert, eine Diagnose zu stellen und eine Therapie einzuleiten.

Auf das Tätigkeitsgebiet des Strafjuristen begibt man sich dagegen, sobald man den Akzent der Betrachtung auf die erste Komponente des Begriffs – das Stehlen – richtet. Stehlen nämlich ist ein Handeln, dem grundsätzlich Strafe zu folgen hat; denn das Eigentum gegen den unberechtigten Zugriff anderer zu schützen, ist Aufgabe des Staates und seiner Organe. Wann dieser Schutz einsetzen und wie er im einzelnen ausgestattet sein soll, wird durch Gesetze festgelegt. Das geschieht nicht für die Ewigkeit. Gesetze sind in gewisser Weise Spiegelbild herrschender oder sich wandelnder gesellschaftlicher Anschauungen und politischer Maximen. Regelungen dieser Art werden daher immer wieder auf ihre Aktualität oder Effektivität untersucht und gegebenenfalls geändert, novelliert. Die nun schon mehr als hundertjährige Geschichte unseres Strafgesetzbuches (StGB) und unserer Strafprozeßordnung (StPO) dokumentiert das wechselvolle Geschick von Normen recht eindringlich.

Damit ist man bereits beim dritten Aspekt dieses Themas, nämlich dem (rechts-)politischen: Ist es eigentlich gerechtfertigt oder gar notwendig, auf die Tat eines Kleptomanen mit Mitteln des Strafrechts zu reagieren? Dabei geht es nicht so sehr um die Frage der strafrechtlichen Verantwortlichkeit, die sich – in der einen oder anderen Form – bei jedem menschlichen Verhalten stellen kann und für deren Beantwortung die Vorschriften über die Schuldfähigkeit Kriterien bereithalten. Im Vordergrund steht vielmehr die Beurteilung der Strafwürdigkeit bei der Entwendung relativ geringwertiger und zudem dem Zugriff oft leicht zugänglicher Sachen, die – wenn vielleicht auch nicht ausschließlich, so doch zumindest recht häufig oder gar im Regelfall – Gegenstand des ‚Interesses‘ eines kleptomanen Täters sind.

Diese kurzen Hinweise mögen als einleitender Problemaufriß genügen. Im folgenden werden die strafrechtlichen Aspekte dargestellt. Der Praktiker wird natürlich zunächst wissen wollen, ob, wann und wie der Staat auf das Stehlen eines Stehlsüchtigen strafrechtlich reagiert. Eine Darstellung des diesbezüglich geltenden Rechts in der Bundesrepublik Deutschland beantwortet diese Fragen. Über die Handhabung in den Nachbarländern Österreich und Schweiz informiert dann ein Blick über die Grenze. Der strafrechtspolitische Ausblick soll den nicht nur am Status quo Interessierten zudem einige Anregungen bieten und rundet diese Darstellung ab.

2. Die Tat eines kleptomanen Täters im Lichte des gegenwärtig geltenden Strafrechts

2.1 Zur Rechtslage in der Bundesrepublik Deutschland

Um der gerade dem Juristen drohenden Gefahr, sich in abstrakten und blutleeren Ausführungen zu verlieren, ein wenig entgegenzuwirken, mag an den Anfang der Überlegungen der folgende kleine *Fall* gestellt werden:

Herr A – ein nach außen unauffälliger und in ‚geregelten Verhältnissen‘ lebender Mann – betritt eines Tages nach Dienstschluß mit seiner Aktentasche ein Selbstbedienungsgeschäft für Gartenbedarfsartikel. Er sieht in einem Regal Gartenzwerge unterschiedlicher Art und Größe, darunter einen, der auf einer Flöte bläst. Diesen Zwerg nimmt Herr A aus dem Regal heraus und läßt ihn geschickt in seiner Aktentasche verschwinden; er verläßt das Geschäft, ohne den Kaufpreis – 8,50 DM – zu bezahlen. Der Verlust des Zwerges wird am Abend bemerkt, Herr A als mutmaßlicher Täter ausfindig gemacht. Bei einer Durchsuchung seines Hauses findet die Polizei in einem Abstellraum nicht nur den Flöte spielenden Gartenzwerg, sondern eine Vielzahl weiterer Zwerge mit Musikinstrumenten, die Herr A – wie er zugibt – während eines längeren Zeitraumes aus anderen Geschäften oder Warenhäusern ohne Bezahlung mitgenommen hat. Nach seinem Motiv befragt, erklärt Herr A, daß er in derartigen Gartenzwergen einen Angriff auf die abendländische Kultur sehe; sobald er auf einen solchen Zwerg stoße, müsse er ihn – einem unwiderstehlichen inneren Zwang gehorchend – ‚aus dem Verkehr ziehen‘.

Die Frage, gegen welches Strafgesetz Herr A verstoßen haben könnte, läßt sich relativ leicht beantworten: Er hat möglicherweise einen Diebstahl begangen. Wenden wir uns also den einschlägigen Normen zu.

§ 242 Abs. 1 StGB sagt:

„Wer eine fremde bewegliche Sache einem anderen in der Absicht wegnimmt, dieselbe sich rechtswidrig zuzueignen, wird mit Freiheitsstrafe bis zu fünf Jahren oder mit Geldstrafe bestraft".

Zum Tatbestand des Diebstahls

Die objektiven Merkmale dieses Tatbestandes hat Herr A unzweifelhaft erfüllt. Der Zwerg ist als bewegbarer körperlicher Gegenstand ein im Sinne des Gesetzes geeignetes Tatobjekt[1]; er war auch eine für Herrn A fremde Sache, weil er nicht ihm, sondern einem anderen, wahrscheinlich dem Geschäftsinhaber, gehörte.[2] Schließlich ist dieser Zwerg einem anderen weggenommen worden, denn Herr A entfernte ihn ohne Willen des Geschäftsinhabers oder seiner Angestellten aus dem Laden als deren Herrschafts- und Einflußbereich und nahm ihn mit nach Hause, also in seinen Herrschaftsbereich.[3]

Nicht ganz so einfach liegen die Dinge, wenn man sich den subjektiven Komponenten des Delikts zuwendet. Das gilt nicht so sehr für den nach § 15 StGB erforderlichen Nachweis vorsätzlichen Handelns; das Bewußtsein, der flötende Zwerg gehöre nicht ihm, sondern einem anderen, und werde aus dem fremden in den eigenen Herrschaftsbereich überführt, sowie der auf diese Änderung der Verfügungsgewalt gerichtete Wille[4], werden Herrn A kaum gefehlt haben. Diffiziler wird die Situation jedoch bei der Absicht rechtswidriger Zueignung. Zueignungsabsicht kann nämlich lediglich dann bejaht werden, wenn es dem Täter auf die Herstellung einer Eigentümerposition hinsichtlich der weggenommenen Sache ankommt, wenn sein Wille auf die Zueignung zielgerichtet ist. Daß die Zueignung Endziel des Täters ist, wird dabei freilich nicht verlangt[5].

---

[1] Vgl. hierzu Eser in: Schönke/Schröder, Strafgesetzbuch, 19. Aufl., § 242 Rz 2 ff; Dreher/Tröndle, Strafgesetzbuch, 38. Aufl., § 242 Rz 1 ff.; Lackner, Strafgesetzbuch, 12. Aufl., § 242 Anm. 2

[2] Vgl. hierzu Eser (Anm. 1), § 242 Rz 6 ff.; Dreher/Tröndle (Anm. 1), § 242 Rz 4 ff.; Lackner § 242 (Anm. 1), § 242 (Anm. 2.c).

[3] Vgl. hierzu Eser (Anm. 1), § 242 Rz 27 ff.; Dreher/Tröndle (Anm. 1), § 242 Rz 13 ff.; Lackner (Anm. 1), § 242 (Anm. 3.

[4] Vgl. zum Vorsatzbegriff Cramer in: Schönke/Schröder (Anm. 1), § 15 Rz 7 ff.

[5] Eser (Anm. 1), § 242 Rz 59; Dreher/Tröndle (Anm. 1), § 242 Rz 24; Lackner (Anm. 1), § 242 (Anm. 5.b).

Waren diese Voraussetzungen bei Herrn A erfüllt? Erhebliche Zweifel drängen sich auf. Spätestens hier wird man dem Trieb- oder Zwanghaften im Täterverhalten besondere Aufmerksamkeit schenken müssen. Im Schrifttum findet sich die Ansicht, daß triebhaftes Stehlen kriminologisch beschreibbar sei als Stehlen ohne Zueignungsabsicht mit dem Schwerpunkt auf dem Stehlakt in einer bestimmten Stehlsituation; dabei sei der Stehlakt eine Befreiung aus einem Unruhe- und Spannungszustand.[6] Was immer danach als bestimmter Beweggrund für die Tat in Betracht kommen mag, die Zueigungsabsicht jedenfalls würde wohl grundsätzlich und von vornherein aus den Erwägungen ausscheiden müssen.

Man wird darüber streiten können und müssen, ob eine derart absolut verstandene Eingrenzung möglicher Motivationen unabweisbar ist. Es erscheint durchaus denkbar, daß auch ein triebhaft stehlender Täter in seinem Verhalten durch den Willen zur Aneignung der entwendeten Gegenstände bestimmt sein kann. Das muß aber nicht so sein. Und daher wäre es leichtfertig, die erwähnte Auffassung überhaupt nicht zur Kenntnis zu nehmen. Sie sollte vielmehr für den Staatsanwalt und den Richter ein hinreichender Anlaß sein, über das Tatbestandsmerkmal der Zueigungsabsicht nicht voreilig gleichsam zur Tagesordnung überzugehen, wenn sich – wie im Falle des Herrn A – aus den Besonderheiten von Tat und Täter Anhaltspunkte für das Vorliegen einer Kleptomanie ergeben. Sie werden ihnen sorgfältig – gegebenenfalls mit Hilfe eines Sachverständigen – nachgehen müssen.

Schuldhaftes Verhalten?

Derartige Anhaltspunkte gewinnen erneut Bedeutung, wenn es um die Beurteilung der Schuld des Herrn A geht. Schuld gehört in einem Rechtsstaat zu den unabdingbaren Voraussetzungen der

---

[6] Vgl. die Hinweise bei Lange in: Leipziger Kommentar, 9. Aufl., § 51 Rz 56.

Strafe: *Nulla poena sine culpa*.[7] Diesem Stellenwert würde es vielleicht entsprechen, wenigstens kurz auf den Begriff der Schuld und die Grundlagen der Schuldzurechnung einzugehen. Die hierzu geführte Diskussion ist interessant und in vielen Punkten kontrovers.[8] Sie ist aber – zumal für den juristischen Laien – auch verwirrend und nicht immer leicht nachzuvollziehen. Deshalb mag es genügen, die weitgehend anerkannten und im vorliegenden Zusammenhang bedeutsamen Ergebnisse im folgenden vorzutragen.

Anknüpfungspunkt des Schuldurteils ist der Vorwurf: Du hättest anders handeln, Dich in Deinem Verhalten anders bestimmen können. Dem schuldhaft handelnden Täter wird zur Last gelegt, daß er das Recht verletzt hat, obwohl er das Unrecht seines Tuns hätte einsehen und dieser Einsicht gemäß sich hätte verhalten können. Die Fähigkeit zum Andershandelnkönnen wird dabei für den Normalfall vorausgesetzt, obwohl ihre entscheidende Grundlage – nämlich die Willensfreiheit des Menschen – empirisch nicht beweisbar ist, sondern sich wohl nur – als eine auf ein Sollen gerichtete normative Wertentscheidung – auf die Überlegung stützt, daß einem Dritten, wäre er in die Situation des Täters geraten, ein normgemäßes Verhalten möglich gewesen wäre.[9]

Im Einzelfall kann es an dieser Fähigkeit freilich gefehlt haben, sie kann auch nur in begrenztem Umfang vorhanden gewesen sein. Zu diesen ‚Ausnahmetatbeständen‘ gehören die §§ 20 und 21 StGB, die sich mit der Schuldunfähigkeit wegen seelischer Störungen bzw. mit der verminderten Schuldfähigkeit befassen. Die Auseinandersetzung mit der Frage, ob eine dieser beiden Vorschriften bei einer Täterpersönlichkeit mit auf das Vorliegen einer Kleptomanie hindeutenden Auffälligkeiten anwendbar sein könnte, wird im Zentrum der Beurteilung einschlägiger Sachver-

---

[7] BVerfGE 20, 323 (331)
[8] Vgl. die Hinweise bei Lenckner in: Schönke/Schröder (Anm. 1), Vorbem. §§ 13 ff. Rz 103 ff.
[9] Vgl. zum vorstehenden Lenckner (Anm. 8), Vorbem. §§ 13 ff. Rz 118; Dreher/Tröndle (Anm. 1), Vor § 1 Rz 30; Lackner (Anm. 1), Vorb. § 15 Anm. III. 4.

halte stehen müssen, sofern es zuvor gelungen sein sollte, ein Handeln in Zueignungsabsicht nachzuweisen.

Schuldfähigkeit

Die Anwendung der §§ 20 und 21 StGB wirft manche Probleme auf. Ihre Lösung erfordert nicht nur juristischen, sondern zugleich auch medizinischen Sachverstand. Die Folge ist, daß sich regelmäßig – wie an anderen ‚Nahtstellen‘ zwischen Recht und Medizin – Jurist und medizinischer Sachverständiger gleichsam zu einer Teamarbeit zusammenfinden müssen. Das ist nicht immer einfach. Schwierigkeiten kann es bereits bei der Verständigung geben, weil Juristen und Mediziner – leider – unterschiedliche Sprachen sprechen. Des weiteren verwischen sich leicht die den Kompetenzen beider Partner gezogenen Grenzen: Wer berät wen, und wer trifft letztlich die verantwortliche Entscheidung bei der Beurteilung der Schuldfähigkeit?

Zunächst der Text der einschlägigen Bestimmungen:

„§ 20 StGB Schuldfähigkeit wegen seelischer Störungen.

Ohne Schuld handelt, wer bei Begehung der Tat wegen einer krankhaften seelischen Störung, wegen einer tiefgreifenden Bewußtseinsstörung oder wegen Schwachsinns oder einer schweren anderen seelischen Abartigkeit unfähig ist, das Unrecht der Tat einzusehen oder nach dieser Einsicht zu handeln“.

„§ 21 StGB Verminderte Schuldfähigkeit. Ist die Fähigkeit des Täters, das Unrecht der Tat einzusehen oder nach dieser Einsicht zu handeln, aus einem der in § 20 bezeichneten Gründe bei Begehung der Tat erheblich vermindert, so kann die Strafe nach § 49 Abs. 1 gemildert werden“.

Die Struktur dieser Regelung ist klar und deutlich. Der Gesetzgeber hat auf der Grundlage der sog. *biologisch – psychologischen Methode* bestimmte ‚Anomalien‘ angegeben, die sich in bestimmter Weise auf die Psyche des Täters, nämlich auf seine Einsichts- oder Steuerungsfähigkeit, ausgewirkt haben müssen. Dabei sind sowohl die biologischen als auch die psychologischen Voraussetzungen alternativ („oder") gestaltet. Der Teufel steckt aber wie so häufig im Detail.

Die biologischen Anknüpfungspunkte

Unter den sog. biologischen Voraussetzungen nennt das Gesetz an erster Stelle die *krankhafte seelische Störung*. Gestört sein – und das heißt: abweichen vom Durchschnittlichen/Normalen – muß der psychische Zustand. Dabei ist es gleichgültig, ob der intellektuelle oder aber der emotionale Bereich betroffen ist. Als ‚krankhaft' wird eine Störung dann bezeichnet werden können, wenn sie nachweisbar somatisch bedingt, auf einen Organprozeß zurückführbar ist (etwa die exogenen Psychosen) oder wenn eine solche Ursache ärztlicherseits wenigstens postuliert oder vermutet werden muß.[10]

Ist mit der ‚krankhaften seelischen Störung' ein Rechtsbegriff gewählt worden, über den sich Jurist und Mediziner relativ einfach verständigen können, so gilt das nicht gleichermaßen für die weitere biologische Komponente der *tiefgreifenden Bewußtseinsstörung*.[11] Eine gewisse Eingrenzung dieses Merkmals läßt sich zwar unschwer erreichen, wenn man es – im Wege einer systematischen Auslegung der Norm – in Beziehung setzt zur ‚krankhaften seelischen Störung'. Dabei ergibt sich nämlich, daß die pathologische Bewußtseinsstörung nicht mitumfaßt wird, weil sie bereits unter die ‚krankhaften seelischen Störungen' fällt.[12] Doch ist damit freilich nicht viel gewonnen; denn was unter ‚Bewußtsein' zu verstehen ist und wann von einer ‚tiefgreifenden' Störung ausgegangen werden kann, wird durch diese Eingrenzung nicht einmal andeutungsweise geklärt.

Eine für den Praktiker handhabbare Antwort zu finden, ist offenbar schwierig oder gar unmöglich. So bezeichnet Lange[13] den

[10] Lenckner (Anm. 8), § 20 Rz 5 ff.; Lackner (Anm. 1), § 20 Anm. 2.a).
[11] in der Beeck/Wuttke, Handlungsfähigkeit und Bewußtseinsstörung, Kriminalistik (1979) S. 1 ff.
[12] Lenckner (Anm. 8), § 20 Rz 13
[13] a. a. O. (Anm. 6), § 51 Rz 18 f.

Begriff des ‚Bewußtseins' als umstritten und umschreibt die Bewußtseinsstörung als Trübung oder teilweise Ausschaltung „des Selbstbewußtseins oder des Bewußtseins der Außenwelt oder der Beziehung beider und damit (als) Störung der Selbstbestimmung". Gleichermaßen abstrakt bleibt der Definitionsversuch von Dreher/Tröndle[14]: „Bewußtseinsstörung ist eine grundsätzlich nicht krankhafte Trübung oder Einengung des Bewußtseins (. . .), die im Verlust des Selbstbewußtseins im Sinne des intellektuellen Wissens um das eigene Sein und über die Beziehung zur Umwelt, aber auch in einer tiefgreifenden Störung des Gefühlslebens und Störung der Selbstbestimmung bestehen kann". Die Kennzeichnung des Bewußtseins im Rahmen der Schuldfähigkeit als „Fähigkeit zur Vergegenwärtigung des intellektuellen wie emotionalen Erlebens"[15] läßt die Konturen des ‚Willens des Gesetzes' kaum klarer hervortreten. Das gilt umso mehr, wenn man berücksichtigt, daß nach Schwarz / Wille[16] „der Anteil des Unbewußten im menschlichen Verhalten immer deutlicher erkannt wird".

Gewissermaßen handfeste Orientierungspunkte liefern die Erscheinungsformen der Bewußtseinsstörung, die die forensische Praxis beschäftigt haben: Erschöpfung, Übermüdung, Schlaftrunkenheit, hypnotische und posthypnotische Zustände, schwere Affektzustände, z. B. Affektsturm, Kurzschlußhandlung, seelischer Ausnahmezustand, hochgradige Erregung, Angst, Schreck, schwere Zornaufwallung, Blutrausch, Gefühlswallung, Zorn (Jähzorn), Haß.[17]

Die Schwierigkeiten setzen sich fort bei der Ermittlung dessen, was mit dem offensichtlich als Einschränkung der Exkulpation eingeführten Begriff ‚tiefgreifend' gemeint sein könnte. Soll damit einer Berücksichtigung tiefenpsychologischer Determinatio-

[14] a. a. O. (Anm. 1), § 20 Rz 10
[15] Schwalm: Schuld und Schuldfähigkeit im Licht der Strafrechtsreformgesetze vom 25.6. und 4.7.1969, des Grundgesetzes und der Rechtsprechung des Bundesverfassungsgerichts, JZ 1970, 487–493.
[16] § 51 StGB – gestern, heute und morgen, NJW (1971), S. 1061
[17] v. Winterfeld, Die Bewußtseinsstörung im Strafrecht, NJW (1975), S. 2229

nen Tür und Tor geöffnet werden[18] oder wird damit im Sinne einer ‚Quantifizierung‘[19] angedeutet, daß die Bewußtseinsstörung besonders schwerwiegend sein muß?

Die Entstehungsgeschichte der Vorschrift[20] spricht für letzteres; die herrschende Meinung im Schrifttum[21] bewegt sich ebenfalls auf dieser Interpretationslinie. Schließt man sich dem an, so liegt das Problem in der Bestimmung der Grenzen, des Gewichts einer relevanten Störung. Der diesbezüglich gegebene Hinweis[22], die Störung müsse von einer solchen Intensität sein, „daß das seelische Gefüge des Betroffenen wenigstens zeitweise außer Funktion tritt", weist wiederum einen hohen Abstraktionsgrad auf. Praktikabler scheint auf den ersten Blick die Differenzierung von Lenckner[23] zu sein, nach der ‚tiefgreifend‘ nur solche Bewußtseinsstörungen sind, „die nicht mehr im Spielraum des Normalen liegen, sondern in ihren Wirkungen für die Einsichts- bzw. Steuerungsfähigkeit den krankhaften seelischen Störungen im Sinne der 1. Alternative gleichwertig sind".

Bei näherem Hinsehen zeigen sich hier indessen nicht zu übersehende systematische Bedenken. Zwar ist es richtig, für die Schuldfähigkeit möglicherweise ausschließende Bewußtseinsstörungen einen Schweregrad zu verlangen, der dem eines krankhaften Zustandes vergleichbar ist. Zweifel sind jedoch dagegen anzumelden, wenn als Maßstab die Auswirkungen auf die Einsichts- oder Steuerungsfähigkeit herangezogen werden. Denn das Gesetz unterscheidet nun einmal zwischen den biologischen und den psychologischen Merkmalen mit der Folge, daß erstere kaum durch eine Bezugnahme auf letztere bestimmt werden können.[24] Was bleibt, ist nach alledem der Bezugspunkt der krankhaften seelischen Störungen und das Bemühen der Rechtsanwendenden,

---

[18] Schwarz/Wille (Anm. 16), S. 1063; Lenckner (Anm. 8), § 20 Rz 15.

[19] v. Winterfeld (Anm. 17), S. 2230

[20] Vgl. hierzu v. Winterfeld (Anm. 17)

[21] u. a. Lenckner (Anm. 8), § 20 Rz 14 mit weiteren Nachweisen

[22] Dreher/Tröndle (Anm. 1), § 20 Rz 10; vgl. auch Lenckner (Anm. 8), § 20 Rz 14; v. Winterfeld (Anm. 17)

[23] a. a. O. (Anm. 8), § 20 Rz 14; vgl. auch Schwalm (Anm. 15), S. 494

[24] Vgl. Jescheck, Lehrbuch des Strafrechts, Allgemeiner Teil, 3. Aufl., S. 357

der Gefahr einer ausufernden Exkulpation bei Bewußtseinsstörungen[25] entgegenzuwirken.

Wenden wir uns dem weiteren biologischen Merkmal − dem *Schwachsinn* − zu. Der Begriff „Geistesschwäche" (vgl. § 51 StGB a. F.) ist − aus guten Gründen − entfallen und damit leider auch die Grundlage für den hübschen Aphorismus: „Die Geistesschwäche der Juristen ist der Schwachsinn der Mediziner". Mit ‚Schwachsinn' meint das Gesetz die Intelligenzschwäche, und zwar die angeborene; ein durch nachweisbare oder postulierbar organische Prozesse oder Defekte verursachter Schwachsinn würde gegebenenfalls unter die krankhaften seelischen Störungen fallen. Aus dem Zusammenhang der Norm, der Gleichstellung aller biologischen Komponenten, folgt im übrigen ferner, daß nur die schweren Grade der Intelligenzschwäche (Idiotie und Imbezillität) zu einem Ausschluß der Schuldfähigkeit führen können; bei Debilität kann die Schuldfähigkeit im Sinne des § 21 StGB vermindert sein.[26]

Schließlich nennt § 20 StGB die *‚schwere andere seelische Abartigkeit'* und damit einen weiteren außerordentlich schwammigen Begriff, der überdies − wie ich meine − ein unnötig diskriminierendes Etikett ist. Ihm einigermaßen deutliche Konturen abzugewinnen, ist offenbar kaum möglich. Das zeigt etwa der Definitionsversuch von Lenckner[27]: Erfaßt werden „diejenigen Abweichungen von einer für den Durchschnittsmenschen zugrundegelegten Norm des seelischen Zustands . . ., die nicht auf nachweisbaren oder zu postulierenden organischen Prozessen oder Defekten beruhen . . ., sondern entweder rein seelisch oder zwar körperlich bedingt sind, sich letzterenfalls aber nicht in Form eines Organprozesses entwickelt haben, und die von solcher Erheblichkeit sind, daß das Persönlichkeitsgefüge in gleicher Weise in Mitleidenschaft gezogen ist, wie bei den echten Psychosen". Die ‚schwere andere seelische Abartigkeit' erweist sich letztlich gleichsam als Sammelbecken für alle jene in § 20 StGB nicht nä-

---

[25] v. Winterfeld (Anm. 17)
[26] Vgl. zum Vorstehenden Lenckner (Anm. 8), § 20 Rz 18; Lackner (Anm. 1), § 20 (Anm. 2.c); Dreher/Tröndle (Anm. 1), § 20 Rz 11
[27] a. a. O. (Anm. 8), § 20 Rz 19

her benannten, möglicherweise zu kriminogenen Determinanten gewordenen ‚psychischen Zustände' (§ 81 Abs. 1 StPO), für die der Täter „nichts kann". In Betracht kommen hier vor allem Neurosen, Psychopathien und Triebstörungen, sofern sie als ‚schwere' zu qualifizieren sind. Bei der Beurteilung des Gewichts derartiger Abweichungen von der Norm wird man mit besonderer Vorsicht vorgehen müssen, weil es sich bei ‚schweren anderen seelischen Abartigkeiten' um einen Auffangbegriff handelt, der nur in „seltenen Ausnahmefällen" greifen soll, so z. B. dann, wenn eine Psychopathie psychoseähnlich ist oder eine Triebstörung bereits als den Menschen beherrschende Sucht gekennzeichnet werden kann.[28] Im übrigen wird man hier gegebenenfalls wiederum auf § 21 StGB (verminderte Schuldfähigkeit) zurückgreifen müssen.

Die psychologischen Voraussetzungen der Schuld(un)fähigkeit

Der erste Schritt bei der Anwendung der §§ 20, 21 StGB ist mit der Prüfung der in beiden Vorschriften gleichlautenden biologischen Voraussetzungen getan. Der zweite Schritt ist die Beschäftigung mit der Frage, ob eine dieser bei einem Täter vorliegenden Voraussetzungen seine Einsichts- oder Steuerungsfähigkeit aktuell bei der konkreten Tat ausgeschlossen (§ 20 StGB) oder erheblich vermindert hat (§ 21 StGB). Dabei ist es für das richtige Verständnis des § 21 StGB wichtig, folgendes zu beachten: Die Norm verlangt nach ihrem Wortlaut nur eine erhebliche Minderung der genannten Fähigkeiten. Ihrer Anwendbarkeit würde es – so sollte man meinen – danach nicht entgegenstehen, wenn der Täter trotz erheblich reduzierter Einsichtsfähigkeit bezogen auf das ihm zur Last gelegte Verhalten das Unrechtsbewußtsein durchaus hatte. Dem ist indessen nicht so. Aus hier nicht im einzelnen zu erörternden Gründen scheidet vielmehr § 21 StGB in

[28] Lenckner (Anm. 8), § 20 Rz 20 ff.; Dreher/Tröndle (Anm. 1), § 20 Rz 12 ff.

diesem Fall aus, weil entgegen der insoweit mißverständlichen Gesetzesformulierung neben der erheblich verminderten Einsichtsfähigkeit immer auch das Fehlen der tatsächlichen Unrechtseinsicht gegeben sein muß. Gleiches wird für die Steuerungsfähigkeit zu gelten haben.[29]

Für die sich in diesem Zusammenhang stellenden Probleme lassen sich empirisch hinreichend gesicherte Lösungen kaum finden; exakte wissenschaftliche Methoden zum Beweis vor allem der Direktionsfähigkeit gibt es nicht.[30] Lange[31] sucht daher die Lösung zu Recht in erster Linie auf der normativen Ebene: Zu untersuchen ist, „ob unter den gegebenen (mit allen Hilfsmitteln der Erfahrungswissenschaften erforschten) Umständen an den Täter sinnvoller – und zumutbarerweise die Forderung erhoben werden kann, sich anders zu verhalten, und ob er demgemäß für sein Handeln verantwortlich zu machen ist". Oder anders gewendet: Inwieweit hätte man von dem Täter verlangen können, daß er sich in der Tatsituation trotz einer festgestellten psychischen Anomalie im Sinne des § 20 StGB entsprechend dem für den Regelfall aufgestellten Postulat für das Recht und gegen das Unrecht entscheidet? War er in der Lage, Tatanreize und -hemmungen gegeneinander abzuwägen und auf Grund der Abwägung zu entscheiden, oder konnte er seinen Willen selbst bei Aufbietung aller Widerstandskräfte nicht durch vernünftige, normgemäße Erwägungen bestimmen?[32]

Mit den insoweit vorzunehmenden Wertungen hat das Gesetz den Praktikern eine zum Teil schwierige Aufgabe gestellt. Das gilt nicht so sehr für die echten Psychosen, bei denen man im allgemeinen von einem Fehler der Einsichts- und Steuerungsfähigkeit ausgehen kann. Problematisch sind dagegen etwa die Psychopathien, Neurosen und Triebstörungen, bei denen eine Überforderung des Täters in einer bestimmten Situation nur mit gro-

[29] Lenckner (Anm. 8), § 21 Rz 4, 7 f.; Dreher/Tröndle (Anm. 1), § 21 Rz 3

[30] Vgl. Schwarz/Wille (Anm. 16), S. 1063 f.; Lenckner (Anm. 8), § 20 Rz 26

[31] a. a. O. (Anm. 6), § 51 Rz 63

[32] Dreher/Tröndle (Anm. 1), § 20 Rz 17

ßer Vorsicht und nach sorgfältiger Prüfung der Tatbestände und der Täterpersönlichkeit angenommen werden kann.[33] Nie sollten aus einzelnen Umständen − z. B. zielstrebiges und folgerichtiges Verhalten, persönlichkeitsinadäquate oder ‚unsinnige' Tat − voreilige Schlußfolgerungen in der einen oder anderen Richtung gezogen werden; sie können regelmäßig immer nur Indizien sein.[34]

Kleptomanie und Schuldfähigkeit

Wie sieht es nun mit der Schuldfähigkeit des Herrn A aus? Zunächst: Lag bei ihm zur Zeit der Tat eines der biologischen Merkmale der §§ 20, 21 StGB vor? Und dann gegebenenfalls: War die Einsichts- oder Steuerungsfähigkeit des Herrn A als Folge seines psychischen Zustandes bei der Tat ausgeschlossen (§ 20 StGB) oder erheblich vermindert (§ 21 StGB)? Das zwanghafte Handeln des Herrn A und seine Fixierung auf bestimmte Gartenzwerge, die für ihn unnütze, ja verachtenswerte Gegenstände sind, begründen insoweit erhebliche Zweifel. Sie in der einen oder anderen Richtung auszuräumen, erscheint unabweichbar. Dabei wird der Jurist wiederum − wie bei der Zueignungsabsicht − nicht ohne einen medizinischen Sachverständigen auskommen. Fragen, gerade zu den Handlungen möglicherweise kleptomaner Täter, sind nicht leicht zu beantworten. Dazu nur einige Hinweise aus dem Schrifttum:

Die Kleptomanie ist kein ‚modernes' Phänomen; mit ihr mußten sich bereits frühere Generationen befassen. So ist etwa in dem 1862 erschienenen *Juristisch-medizinischen Commentar* von Mair[35] folgendes zu lesen:

„Die Stehlsucht − Kleptomanie: Sie kommt vor als Symptom bei der *Tollheit,* besonders der erst in der Entwicklung begriffenen, mit mehr oder weniger andern Symptomen beginnender Seelenstörung, als allgemeiner

---

[33] Lange (Anm. 6), § 51 Rz 64 ff.; Lenckner (Anm. 8), § 20 Rz 26
[34] Lenckner (Anm. 8), § 20 Rz 29, 30; Lange (Anm. 6), § 51 Rz 106
[35] I. Bd., S. 290 ff.

Veränderung der bisherigen Gefühls- und Denkweise, Geschäfts- und Lebensart, besondere Neigung zum Schmähen, zu Zank und Streit, zum Trinken und zwecklosen aber geschäftigthuenden Umherwandeln, und mit körperlichen Erscheinungen der Aufgeregtheit, (Unruhe, Mangel an Schlaf, gereizter Puls) etc.; bei der aus der Tollheit hervorgehenden *Verwirrtheit*, sowie auch bei der *Schwermuth* und *Verrücktheit*. – Die Krankheit kann auch dem äußeren Anschein nach aufgehört haben, und die Stehlsucht noch fortdauern, oder aber es liegen ihr bestimmte *geheimgehaltene Wahnideen* zu Grunde, besonders bei Neigung zu bizarren und exclusiven Dingen, und wenn die Gegenstände auf die sie sich beschränkt, in einem Mißverhältnisse zu dem Vermögen des Diebes stehen.

Gegen die Annahme eines *specifischen*, von *keiner geistigen Krankheit* getragenen Stehltriebs und darauf basirter Unzurechnungsfähigkeit sagt Casper:

‚Bedenkt man die Putzsucht, die Sammellust von Kunst-, Naturprodukten, Curiositäten, so kann selbst die geschäftliche Lage des Angeschuldigten und der Werth des gestohlenen Gegenstandes im Vergleiche mit seinem Vermögen nicht als stichhaltiges Kriterium erscheinen. Ebenso lassen das freiwillige Geständnis und die Wiedererstattung die natürliche Erklärung, Entdeckung, Schmach und Schande vermeiden zu wollen, zu.

Wenn aber *Wahnsinnige im Irrenhaus stehlen*, – so ist ihr Stehlen nur *ein Symptom ihrer Geistesverwirrung, nicht die Geisteskrankheit an sich.*

Übrigens jene ganz seltenen Fälle, wo Menschen Entwendungen verübten, anscheinend ohne allen Zweck, und das gestohlene Gut angeblich – selbst mit Entschädigung zurücksandten, mögen ihren Grund in der Freude an der *bloßen Jagd* nach fremdem Eigenthum, ganz abgesehen vom Werthe desselben, – in der Befriedigung der Eitelkeit auf ihre Gewandtheit, List, Muth haben.

Aber diese Lust, seine Schlauheit und Gewandtheit an einer Entwendung zu üben, kann und soll, wie jede andere Neigung durch den Zügel der Sittlichkeit beherrscht und unterdrückt werden, und hat nicht das Geringste mit einem sog. krankhaften unbezwinglichen Triebe zu thun.‘

Den Scheingründen eines sog. *Stehltriebs*, daß ein wirkliches Motiv nicht vorhanden sei, daß den Thätern eine Neigung zu ganz geringfügigen Dingen innewohne, welche unmöglich ihr Verlangen rege machen könnten, daß sie selbst freiwillig das Gestohlene zurückgeben, ihren Fehler freiwillig anerkennen, und wegen ihrer übrigens gesitteten Aufführung, oder wegen ihrer hohen Stellung auch jedesmal Verzeihung erlangten, setzt auch Ideler entgegen, daß „diese Gründe alle nichts weiter beweisen, als daß jene Personen wenigstens eine grobe Ungezogenheit verriethen, welche ihnen theuer hätte zu stehen kommen müssen, wenn ein unerbittlicher Ankläger gegen sie aufgetreten wäre, und sie jenen gemeinen Verbrechern gleich gestellt hätte, die vor keinem Tribunale Entschuldigung finden. Einem übrigens verständigen Menschen soll man doch so viel moralische Kraft zutrauen, eine unsittliche Neigung beherrschen zu können, sobald es nur sein ernster Wille ist, und die ihm nur deßhalb über den Kopf wuchs, weil er zu ihrer Bekämpfung niemals ernstlich aufgefordert wurde.

Viele, namentlich mit körperlichen Leiden behaftete *Schwangere* kommen Monate lang nicht aus einer heftigen leidenschaftlichen Aufregung heraus, in welcher sich die mannigfachen Motive der Todesfurcht, der Sorge für die Zukunft oder eheliche und gesellige Zerwürfnisse dergestalt durchkreuzen, daß es ihnen selbst psychisch unmöglich ist, sich der ungestümsten *Gemütsaffekte* und der seltsamsten *Gelüste* zu erwehren, oft geradezu von einem absurden Character.

Man kann wohl eine anhaltend leidenschaftliche Verstimmung der Seele aus gänzlichem Mangel an Selbstbeherrschung bei manchen übrigens gut gesinnten Schwangeren begreiflich finden, denen die ruhige Besinnung wenigstens für einige Stunden fehlte, und welche daher in einem unbewachten Augenblick sich von dem Gelüste nach fremdem Eigenthum zu einer von ihnen hintendrein selbst bitter bereuten That fortreißen lassen können.

Die Möglichkeit seltsamer Combinationen von ungewöhnlichen geistigen und körperlichen Zuständen kann nicht geleugnet werden, welche durchaus von den allgemeinen Regeln des Urtheils abweichen, und eine ihnen ganz eigenthümlich zukommende Deutung erheischen.

Allgemeine Sätze lassen sich hierüber nicht aufstellen, und es muß dem Arzte überlassen bleiben, solche außergewöhnliche Zustände mit Vermeidung aller Übertreibungen und Paradoxien zur lebendigen Anschauung zu bringen."

Diese Auffassung, die die Kleptomanie grundsätzlich nicht als eine spezifische krankhafte Erscheinung sondern vielmehr als Symptom wertet, findet sich als überwiegende Meinung auch im modernen Schrifttum. Lenckner[36] hält die Kleptomanie − sofern es überhaupt einen eigenen Stehltrieb gebe − im Rahmen des § 20 StGB nur dann für relevant, wenn sie auf eine krankhafte seeli-

---

[36] a. a. O. (Anm. 8), § 20 Rz 24

sche Störung im Sinne des Gesetzes zurückzuführen ist; sie sei keine selbständige Geisteskrankheit. Nach Lange[37] werden die Monomanien heute „meist nur als starke Betonung der verbrecherischen Strebungen gewertet, deren Herrschaft nicht durch die Gesamtheit der Seele gebunden wird . . . Der Leitgedanke muß sein: Kann die Manie auf der breiten Basis einer *allgemeinen geistigen Störung* erfaßt werden, deren Äußerungsform oder Begleiterscheinung sie ist? . . . Auf *Kleptomanie* . . . pflegt das der Lebenslinie des Täters direkt entgegengesetzte („persönlichkeitsinadäquate") Aneignungsverbrechen hinzuweisen; doch können auch Begehrlichkeit oder erhöhte Triebhaftigkeit bei Willensschwäche (zumal bei physiologischen Indispositionen wie Menstruation) den Vorgang ausreichend aufklären; ebensogut kann eine psychopathische Impulsivität am Werke sein".

Zu einer abschließenden Beurteilung von Tat und Persönlichkeit des Herrn A läßt sich ohne genaueres Eingehen auf diesen Fall nicht gelangen. Nur soviel sei aus juristischer Sicht gesagt: Das triebhafte Handeln des Herrn A findet möglicherweise seine Ursache oder Erklärung in einer krankhaften seelischen Störung oder aber in einer schweren seelischen Abartigkeit. An der Einsichtsfähigkeit mögen jedenfalls leichte Zweifel bestehen. Manches könnte vor allem angesichts der ungewöhnlichen Umstände dafür sprechen, daß die Tatantriebe entweder unwiderstehlich (§ 20 StGB) oder aber erheblich schwerer als von einem Durchschnittsmenschen beherrschbar waren (§ 21 StGB).

§ 17 StGB als ‚Schlupfloch'?

Ein ‚Schlupfloch' bleibt Herrn A – das sei der Vollständigkeit halber angefügt – allerdings auch dann noch, wenn keines der in § 20 StGB genannten biologischen Merkmale zutrifft, er aber aus anderen Gründen unfähig gewesen sein sollte, das Unrecht seines

---

[37] a. a. O. (Anm. 6), § 20 Rz 55 f.

Tuns einzusehen. In diesem Fall wäre § 17 StGB anzuwenden[38]; die Vorschrift lautet:

„Fehlt dem Täter bei Begehung der Tat die Einsicht, Unrecht zu tun, so handelt er ohne Schuld, wenn er diesen Irrtum nicht vermeiden konnte. Konnte der Täter den Irrtum vermeiden, so kann die Strafe nach § 49 Abs. 1 gemildert werden".

Eine Beantwortung der sich insoweit ergebenden Fragen wird wiederum häufig ohne Hilfestellung eines Sachverständigen nicht möglich sein. Das gilt z. B. für etwaige Auswirkungen psychischer Anomalien auf das Unrechtsbewußtsein.

Die Rollenverteilung zwischen Richter und medizinischen Sachverständigen

Von der Notwendigkeit einer Zusammenarbeit zwischen dem Juristen – und das heißt vor allem: dem Richter – und dem medizinischen Sachverständigen ist nun schon mehrfach die Rede gewesen. An die bei einem kleptomanen Täter im Bereich der Zueigungsabsicht sowie der Schuldfähigkeit bestehenden Probleme sei noch einmal erinnert. Über die im Sinne unseres Rechtssystems richtige Rollenverteilung bei dieser Kooperation müssen einige Worte gesagt werden.

Das Strafverfahrensrecht enthält deutliche Orientierungspunkte: Die Auswahl der hinzuzuziehenden Sachverständigen und die Bestimmung ihrer Anzahl erfolgt durch den Richter (§ 73 Abs. 1 StPO). Der Richter hat, soweit ihm dies erforderlich erscheint, die Tätigkeit des Sachverständigen zu leiten (§ 78 StPO). Der Richter kann eine neue Begutachtung durch dieselben oder durch andere Sachverständige anordnen, wenn er das Gutachten für ungenügend erachtet (§ 83 Abs. 1 StPO). Über das Ergebnis der Beweisaufnahme entscheidet schließlich das Gericht nach seiner frei-

---

[38] Vgl. hierzu Lenckner (Anm. 8), § 20 Rz 4, 27 und § 21 Rz 7 f; Dreher/Tröndle (Anm. 1, § 20 Rz 5 und § 21 Rz 3; Lackner (Anm. 1); § 28 Anm. 4.b)

en, aus dem Inbegriff der Verhandlung geschöpften Überzeugung (§ 261 StPO). Aus diesen Vorschriften wird klar, was der *Sachverständige* ist und was er nicht ist: Er ist *nicht* selbst *Richter*, weil er nicht zu *entscheiden* hat, ob ein bestimmtes gesetzliches Merkmal gegeben ist oder nicht. Der Sachverständige *hilft* vielmehr *dem Richter* bei der Wahrheitsfindung; er unterbreitet den für die rechtliche Wertung wesentlichen Tatsachenstoff, sofern dessen Ermittlung seine besondere Sachkunde erfordert, und vermittelt zugleich das ‚wissenschaftliche Rüstzeug‘, ohne das der Richter die von ihm verlangte verantwortliche tatsächliche und juristische Würdigung nicht vorzunehmen vermag.[39]

Das dem Gesetz zugrundeliegende Modell der Rollenverteilung zwischen Richter und Sachverständigen ist damit hinreichend umschrieben. Wenn es ungeachtet seiner an sich recht schlichten und greifbaren Konturen in der Praxis zu Schwierigkeiten kommt, die sich u. a. mit dem Schlagwort des ‚Richters in Weiß‘ bildhaft kennzeichnen lassen, so hat das nicht nur eine Ursache.

Zu denken ist in diesem Zusammenhang sicher an den Sachverständigen, dessen Ausführungen nicht nur in rechtlichen Schlußfolgerungen kulminieren, sondern durch diese Grenzüberschreitung vom empirischen Wissen zu normativen Werten geradezu geprägt sind; oder aber an denjenigen Gutachter, der das Ergebnis seiner Untersuchungen apodiktisch, ohne eingehende Diskussion der kritischen Punkte sowie etwaiger wissenschaftlicher Gegenmeinungen vorträgt und sich dabei noch eines Vokabulars bedient, das dem medizinischen Laien kaum verständlich ist.

Der eigentliche oder in erster Linie ‚Schuldige‘ ist indessen der Richter, der einen solchen Sachverständigen gewähren läßt und seiner Leitungsfunktion und seiner Entscheidungsverantwortung nicht gerecht wird. Die in vielen Urteilen anzutreffende Formel, das Gericht schließe sich dem überzeugenden Gutachten des

---

[39] Vgl. zum Vorstehenden u. a. Lange (Anm. 6), § 51 Rz 102 ff.; Meyer in: Löwe/Rosenberg, Strafprozeßordnung, 23. Aufl., 1. Bd., Vor § 72 Rz 3, 10 ff. und § 78 Rz 1, 6; Gollwitzer in: Löwe/Rosenberg, Strafprozeßordnung, 23. Aufl., 3. Bd., § 261 Rz 97; Lenckner (Anm. 8), § 20 Rz 45 (jeweils mit weiteren Nachweisen).

Sachverständigen nach eigener Prüfung in vollem Umfang an, ist häufig nur der Mantel, mit dem die Flucht aus der eigenen Verantwortung notdürftig zugedeckt wird. Meyer[40] hat daher Recht, wenn er darauf hinweist, daß die Problematik des Sachverständigen ein Problem des Strafrichters, nicht des Sachverständigen sei und daß der Richter seine Entmachtung durch den Sachverständigen rückgängig machen müsse.

Es ergaben sich hieraus folgende Konsequenzen: Es ist der Richter, der letztlich zu entscheiden hat, ob Herr A in Zueignungsabsicht gehandelt hat, ob er schuldfähig war oder ob ein sog. Verbotsirrtum (§ 17 StGB) vorlag. Ein medizinischer Sachverständiger wird ihm dabei helfen müssen, indem er seinen Befund über den psychischen Zustand des Herrn A substantiiert mitteilt und gegebenenfalls die Ursachen einer diagnostizierten Kleptomanie sowie deren Auswirkungen auf die Täterpersönlichkeit und die Tat im Lichte der hierzu vertretenen seinswissenschaftlichen Meinungen darlegt. Er muß dabei den Richter in die Lage versetzen, den Sachverhalt kritisch zu beurteilen und sich eine eigene Meinung zu bilden.

Strafverfolgungsvoraussetzungen und mögliche Sanktionen

Damit läßt sich die rechtliche Betrachtung unseres kleinen Falles eigentlich abschließen. Sie hat deutlich werden lassen, wo die wesentlichen kritischen Punkte bei der Subsumtion einer auf Kleptomanie hindeutenden Tat unter den Diebstahlstatbestand liegen. Nachzutragen bleiben einige kurze Hinweise zu spezifischen Verfolgungsvoraussetzungen bei einer solchen Tat sowie zu den in Betracht kommenden Sanktionen:

- Gemäß § 248a StGB wird der unter § 242 StGB fallende Diebstahl geringwertiger Sachen nur auf Antrag des Verletzten

[40] a. a. O. (Anm. 39), Vor § 72 Rz 13

122

verfolgt, es sei denn, daß die Strafverfolgungsbehörde wegen des besonderen öffentlichen Interesses an der Strafverfolgung ein Einschreiten von Amts wegen für geboten hält. Die Geringwertigkeit steht bei dem von Herrn A entwendeten Zwerg angesichts des Verkaufspreises von 8,50 DM außer Zweifel. Ob der Anwendbarkeit des § 248a StGB entgegenstehen könnte, daß alle bei Herrn A vorgefundenen Zwerge zusammengenommen einen durchaus respektablen Wert verkörpern[41], mag hier auf sich beruhen.

– Bei einem Vergehen im Sinne der §§ 242, 248a StGB kann die Staatsanwaltschaft ohne Zustimmung des Gerichts das Verfahren einstellen, wenn die Schuld des Täters als gering anzusehen ist und ein öffentliches Interesse an der Verfolgung nicht besteht (§ 153 Abs. 1 Satz 2 StPO).[42] Unter den gleichen Voraussetzungen kann das Gericht das Verfahren einstellen, wenn bereits Anklage erhoben ist (§ 153 Abs. 2 StPO).

– Ein besonderes, ebenfalls mit einer endgültigen Einstellung endendes freiwilliges Unterwerfungsverfahren sieht § 153a StPO vor. Voraussetzung ist wiederum die geringe Schuld des Täters. Anders als im Falle des § 153 StPO besteht indessen an sich ein öffentliches Interesse an der Strafverfolgung; es kann aber dadurch wieder beseitigt werden, daß der Täter bestimmte Auflagen oder Weisungen befolgt.

– Falls ein Strafantrag gestellt oder das besondere öffentliche Interesse an der Strafverfolgung bejaht wird und eine Einstellung des Verfahrens gemäß § 153 StPO oder § 153a StPO nicht erfolgt, würden die in § 242 StGB angedrohten Rechtsfolgen (Freiheitsstrafe bis zu fünf Jahren oder Geldstrafe) zum Zuge kommen.

Mit seiner Strafandrohung hat § 242 StGB bereits einen gewissen Wertmaßstab für die Strafbemessung im Einzelfall gesetzt. Er

---

41 Vgl. Eser (Anm. 1), § 248a Rz 13
42 Vgl. hierzu Meyer-Goßner in: Löwe/Rosenberg, Strafprozeßordnung, 23. Aufl., 2. Bd., § 153 Rz 45 f.

wird durch die Strafzumessungsgrundsätze des § 46 StGB ergänzt. Es heißt dort:

„(1) Die Schuld des Täters ist Grundlage für die Zumessung der Strafe.
Die Wirkungen, die von der Strafe für das künftige Leben des Täters in
der Gesellschaft zu erwarten sind, sind zu berücksichtigen.

(2) Bei der Bemessung wägt das Gericht die Umstände, die für und gegen den Täter sprechen, gegeneinander ab. Dabei kommen namentlich in
Betracht: die Beweggründe und die Ziele des Täters, die Gesinnung, die
aus der Tat spricht, und der bei der Tat aufgewendete Wille, das Maß der
Pflichtwidrigkeit, die Art der Ausführung und die verschuldeten Auswirkungen der Tat, das Vorleben des Täters, seine persönlichen und wirt-
schaftlichen Verhältnisse sowie sein Verhalten nach der Tat, besonders
sein Bemühen, den Schaden wiedergutzumachen.

(3) Umstände, die schon Merkmale des gesetzlichen Tatbestandes sind,
dürfen nicht berücksichtigt werden."

In Fällen, in denen – wie hier – die Auswahl zwischen Geld- und
Freiheitsstrafe besteht, ist darüberhinaus § 47 Abs. 1 StGB von
Bedeutung:

„Eine Freiheitsstrafe unter sechs Monaten verhängt das Gericht nur,
wenn besondere Umstände, die in der Tat oder in der Persönlichkeit des
Täters liegen, die Verhängung einer Freiheitsstrafe zur Einwirkung auf
den Täter oder zur Verteidigung der Rechtsordnung unerläßlich machen".

Hält das Gericht in Anwendung dieser Grundsätze eine Geldstrafe
von nicht mehr als 180 Tagessätzen (vgl. hierzu § 40 StGB) für
angemessen, so könnte es Herrn A schuldig sprechen und unter
Vorbehalt der Strafe verwarnen, wenn die Täterprognose günstig
ist, Tat und Persönlichkeit des Täters eine derartige Privilegierung angezeigt erscheinen lassen und die Verteidigung der
Rechtsordnung eine Verurteilung zu Strafe nicht gebietet (§ 59
StGB). Mit der Verwarnung wäre die Festlegung einer Bewäh-
rungsfrist zu verbinden (§ 59a Abs. 1 StGB). Auflagen können
erteilt werden (§ 59a Abs. 2 StGB); eine Weisung – etwa die, sich
in eine erfolgversprechende therapeutische Behandlung zu begeben – dürfte dagegen nicht ausgesprochen werden. Ob der Ausschluß der Weisungen gerechtfertigt ist, wird jedenfalls im Hin-

blick auf den hier interessierenden Täterkreis mit guten Gründen bezweifelt werden können. Die Realisierung der vorbehaltenen Verurteilung, d. h. die Verurteilung zu der vorbehaltenen Strafe, hängt von der Bewährung des verwarnten Täters ab.

Sollte das Gericht die Verhängung einer Freiheitsstrafe für erforderlich halten, weil es sich z. B. davon einen günstigen psychologischen Effekt verspricht, würde unter den Voraussetzungen des § 56 StGB eine Strafaussetzung zur Bewährung in Betracht zu ziehen sein. Dabei schließt der Umstand, daß Herr A immer wieder zur Begehung bestimmter Eigentumsdelikte getrieben worden ist, die Strafaussetzung zur Bewährung – wie im übrigen auch die Verwarnung mit Strafvorbehalt – nicht von vornherein aus. Entsprechende Möglichkeiten eröffnen sich jedenfalls etwa dann, wenn eine erfolgversprechende ärztliche Behandlung der Ursachen des Stehltriebs eingeleitet worden ist.

Zu erwähnen bleibt § 63 StGB:

„Hat jemand eine rechtswidrige Tat im Zustand der Schuldunfähigkeit (§ 20) oder der verminderten Schuldfähigkeit (§ 21) begangen, so ordnet das Gericht die Unterbringung in einem psychiatrischen Krankenhaus an, wenn die Gesamtwürdigung des Täters und seiner Tat ergibt, daß von ihm infolge seines Zustandes erhebliche rechtswidrige Taten zu erwarten sind und er deshalb für die Allgemeinheit gefährlich ist".

Die Voraussetzungen der Unterbringung werden bei einem Täter wie dem Herrn A allerdings kaum vorliegen. Seine Taten sind lediglich sozial lästig; eine empfindliche Störung des Rechtsfriedens ist von ihnen nicht zu befürchten.[43]

---

[43] Vgl. hierzu Stree in: Schönke/Schröder, Strafgesetzbuch, 19. Aufl., § 63 Rz 15; Dreher/Tröndle (Anm. 1), § 63 Rz 8; Lackner (Anm. 1), § 63 Anm. 2.c)aa).
Die eine Unterbringung in einer sozialtherapeutischen Anstalt vorsehenden Vorschriften (§§ 63 Abs. 3, 65 StGB) sind seit 1.1.1985 in Kraft.

2.2. Zur Rechtslage in Österreich und in der Schweiz

2.2.1. Österreich

Die Rechtslage in Österreich ist, was die hier interessierende Problematik betrifft, der Rechtslage in der Bundesrepublik in mancher Hinsicht ähnlich, weist aber durchaus die eine oder andere signifikante Besonderheit auf. Einen gerafften, gleichwohl instruktiven Überblick läßt sich am ehesten geben, wenn man sich wiederum am Fall des Herrn A orientiert.

Ausgangspunkt der Betrachtungen muß der Grundtatbestand des Diebstahls[44] in § 127 Abs. 1 des österreichischen StGB (im folgenden: Öst StGB) sein. Es heißt dort:

„Wer eine fremde bewegliche Sache einem anderen mit dem Vorsatz wegnimmt, sich oder einen Dritten durch deren Zueignung unrechtmäßig zu bereichern, ist mit Freiheitsstrafe bis zu sechs Monaten oder mit Geldstrafe bis zu 360 Tagessätzen zu bestrafen".

Hinsichtlich des Tatobjekts und der Tathandlung bestehen demnach keine Unterschiede gegenüber § 242 StGB. Das gleiche gilt für die innere Tatseite, soweit es um die vorsätzliche Wegnahme einer fremden Sache geht. Anders als § 242 StGB verlangt dann aber § 127 Abs. 1 Öst StGB nicht die *Absicht* rechtswidriger Zueignung, sondern einen auf unrechtmäßige Bereicherung durch Zueignung gerichteten *Vorsatz*. Für die Bereicherungstendenz genügt dabei ein bedingter Vorsatz. Eine Zueignung liegt vor, wenn der „Wirtschaftswert der weggenommenen Sache in das eigene oder jedenfalls in ein anderes Vermögen" zumindest zeitweilig überführt wird. „Bereichert ist, wessen Vermögen durch die Sachzueignung um den durch die weggenommene Sache repräsentierten Wirtschaftswert vermehrt wird".

Ein Handeln mit Bereicherungsvorsatz wird man annehmen können, wenn der Vorsatz auf Verwertung, Behalten der wegge-

---

[44] Leukauf/Steininger, Kommentar zum StGB, 2. Aufl., § 127 Rz 1

nommenen Sache für sich oder ‚verbrauchenden Gebrauch' ge-
richtet ist.[45] Ob diese Voraussetzungen im Falle des Herrn A erfüllt sein könnten, mag nicht gleichermaßen zweifelhaft sein wie
das Vorhandensein einer Zueignungsabsicht im Sinne des § 242
StGB[46]; an einer besonders sorgfältigen Prüfung wird man indessen hier ebenfalls nicht vorbeikommen. Kann eine Bereicherungstendenz nicht festgestellt werden, so wäre der Tatbestand
der dauernden Sachentziehung (§ 135 Öst StGB) zu prüfen.[47]

Auch nach österreichischem Recht stellt sich bei einem Täter,
dessen Handeln triebhaft erscheint, die Frage nach der Schuldfähigkeit. Darauf wird sogleich zurückzukommen sein. Zuvor
müssen wir jedoch einen Blick auf § 141 Öst StGB werfen. Soweit hier von Interesse, lautet die Vorschrift:

„(1) Wer aus Not, aus Unbesonnenheit oder zur Befriedigung eines Gelüstes eine Sache geringen Wertes einem anderen entzieht, ist, wenn die Tat
sonst als Diebstahl, . . . strafbar wäre . . ., mit Freiheitsstrafe bis zu einem
Monat oder mit Geldstrafe bis zu 60 Tagessätzen zu bestrafen.

(2) Der Täter ist nur mit Ermächtigung des Verletzten zu verfolgen."

Der Unterschied zwischen dieser Regelung und § 248a StGB ist
augenfällig: Einerseits beschränkt sie sich nicht auf die Einführung einer Strafverfolgungsvoraussetzung sondern legt zudem einen im Vergleich zum Regelfall geringeren Strafrahmen fest; zum
anderen verlangt sie aber über die Geringwertigkeit der entzogenen Sache hinaus das Vorhandensein bestimmter Tatmotive. Da
die Geringwertigkeit nach unserem Sachverhalt keine im Verhältnis zum deutschen Recht spezifischen Probleme aufwirft[48], können wir uns auf die Motive konzentrieren: Daß ein Handeln aus
Not bei Herrn A nicht angenommen werden kann, liegt auf der
Hand. Die „Befriedigung eines Gelüstes" als Beweggrund scheidet ebenfalls aus, weil mit der entzogenen Sache keinesfalls ein
bestehender Bedarf an Lebens- oder Genußmitteln gedeckt wer-

45 Vgl. zum Vorstehenden Leukauf/Steininger (Anm. 44), § 127 Rz 29 ff.
46 Vgl. oben
47 Leukauf/Steininger (Anm. 44), § 127 Rz 29
48 Vgl. Leukauf/Steininger (Anm. 44), § 141 Rz 6 ff.

den sollte.[49] In Betracht kommen könnte lediglich das Merkmal der ‚Unbesonnenheit'. „Unbesonnen handelt ein Täter, wenn er sich zur Tat durch eine bloß augenblickliche Eingebung", durch einen Willensimpuls hat hinreißen lassen, „der aus besonderen Gründen der Lenkung durch das ruhige Denken entzogen ist und nach der charakterlichen Beschaffenheit des Täters in der Regel unterdrückt worden wäre ...; es darf ... dem Täter nicht ein Hang zu derartigem kriminellem Tun innewohnen, denn dann war nicht eine augenblickliche Eingebung, sondern eben der dem Täter schon innewohnende Hang zum Diebstahl usw. Tatmotivation".[50] Angesichts dieser Anforderungen läßt sich unschwer feststellen, daß sich Herr A mit seinem nicht nur einmaligen zwanghaften Handeln kaum mit Erfolg auf das Privileg der Unbesonnenheit wird berufen können. Soweit § 141 Öst StGB, doch nun zur Schuldfähigkeit; § 11 Öst StGB bestimmt

„Wer zur Zeit der Tat wegen einer Geisteskrankheit, wegen Schwachsinns, wegen einer tiefgreifenden Bewußtseinsstörung oder wegen einer anderen schweren, einem dieser Zustände gleichwertigen seelischen Störung unfähig ist, das Unrecht seiner Tat einzusehen oder nach dieser Einsicht zu handeln, handelt nicht schuldhaft."

Wir begegnen hier der schon von § 20 StGB her bekannten biologisch-psychologischen Methode, nach der bestimmte ‚Anomalien' dann relevant sind, wenn sie sich auf die Einsichts- oder Steuerungsfähigkeit ausgewirkt haben. § 11 Öst StGB und § 20 StGB heben sich voneinander nur in zwei Punkten ab:

An die Stelle der „krankhaften seelischen Störung" und der „schweren anderen seelischen Abartigkeit" (§ 20 StGB) treten in § 11 Öst StGB die „Geisteskrankheit" und die „andere schwere, einem dieser Zustände gleichwertige seelische Störung". Dabei handelt es sich freilich offenbar im wesentlichen lediglich um

---

[49] Leukauf/Steininger (Anm. 44), § 141 Rz 15; Wiener Kommentar zum Strafgesetzbuch, § 141 Rz 7
[50] Leukauf/Steininger (Anm. 44), § 141 Rz 13

sprachliche Unterschiede; das Gemeinte dürfte weitgehend deckungsgleich sein.[51]

Angesichts dieser Situation verwundert es nicht, daß die uns zugänglichen Äußerungen aus Rechtsprechung und Schrifttum zur Bedeutung der Kleptomanie als Schuldausschließungsgrund ähnlich zurückhaltend sind wie in der Bundesrepublik. Der Oberste Gerichtshof hat in einer – soweit erkennbar unveröffentlichten – Entscheidung vom 13.9.1972 (11 Os 105/72) ausgeführt, daß die Kleptomanie nur dann zur Zurechnungsunfähigkeit führe, wenn sie Teilerscheinung eines der unter § 11 Öst StGB näher bezeichneten Zustände sei. Dem hat sich das Schrifttum angeschlossen.[52] Falls Herr A bei Begehung der Tat nicht zurechnungsfähig, sondern lediglich vermindert zurechnungsfähig gewesen sein sollte, käme eine Strafmilderung gemäß § 34 Ziff. 1 Öst StGB in Betracht.[53]

Abschließend sei noch auf zwei Regelungen hingewiesen, die gerade in Fällen des Ladendiebstahls Bedeutung erlangen können (§§ 42 und 167 Öst StGB).

§ 42 Öst StGB lautet:

„(1) Ist die von Amts wegen zu verfolgende Tat nur mit Geldstrafe, mit nicht mehr als einem Jahr Freiheitsstrafe oder mit einer solchen Freiheitsstrafe und Geldstrafe bedroht, so ist die Tat nicht strafbar, wenn

1. die Schuld des Täters gering ist,
2. die Tat keine oder nur unbedeutende Folgen nach sich gezogen hat und überdies
3. eine Bestrafung nicht geboten ist, um den Täter von strafbaren Handlungen abzuhalten oder der Begehung strafbarer Handlungen durch andere entgegenzuwirken.

---

[51] Vgl. zu diesen beiden biologischen Merkmalen: Leukauf/Steininger (Anm. 44), § 11 Rz 5 ff., 13 ff.; Foregger/Serini, Kurz-Kommentar zum StGB, 2. Aufl., Anm. II.

[52] Leukauf/Steininger (Anm. 44), § 11 Rz 15; Mayerhofer/Rieder, StGB § 11, Anm. 9

[53] Leukauf/Steininger (Anm. 44), § 11 Rz 18; Foregger/Serini (Anm. 51) § 11 Anm. III.).

(2) Die Entscheidung, ob die Voraussetzungen des Abs. 1 vorliegen, ist dem Gericht vorbehalten; gegebenfalls ist das Verfahren unabhängig von der Lage, in der es sich befindet, zu beenden."

Die Vorschrift „geht von der Erkenntnis aus, daß es bei Delikten im Bereich der sogenannten Kleinkriminalität, zum Teil aber auch bei Delikten, die bereits zur mittleren Kriminalität zählen, Fälle gibt, deren Unwert die Höhe des Strafwürdigen nicht erreicht und in denen daher ein Strafbedürfnis nicht besteht, wenngleich der Täter tatbestandsmäßig, rechtswidrig und schuldhaft gehandelt hat". Eine geringe Schuld kann etwa bei verminderter Zurechnungsfähigkeit gegeben sein. Generalpräventive Erwägungen schließen bei häufig vorkommenden Delikten (z. B. Ladendiebstählen) eine Anwendung des § 42 Öst StGB auf vorkommende Bagatellfälle nicht von vornherein aus.[54]

Während die vorerwähnte Norm unter den dort im einzelnen bezeichneten Voraussetzungen einen Strafanspruch garnicht erst entstehen läßt[55], ordnet § 167 Öst StGB das Erlöschen eines bereits entstandenen Strafanspruchs in Fällen der tätigen Reue durch freiwillige Schadenswiedergutmachung an:

„(1) Die Strafbarkeit wegen Diebstahls, Entziehung von Energie, Veruntreuung, Unterschlagung, Eingriffs in fremdes Jagd- oder Fischereirecht, Betrugs, Erschleichung einer Leistung, Notbetrugs, Untreue, Wuchers, betrügerischer Krida, Schädigung fremder Gläubiger, Begünstigung eines Gläubigers, fahrlässiger Krida, Vollstreckungsvereitelung, Hehlerei und fahrlässigen Ansichbringens, Verheimlichens oder Verhandelns von Sachen wird durch tätige Reue aufgehoben. (Krida = Konkursvergehen)

(2) Dem Täter kommt tätige Teue zustatten, wenn er, bevor die Behörde (§ 151 Abs. 3) von seinem Verschulden erfahren hat, wenngleich auf Andringen des Verletzten, so doch ohne hierzu gezwungen zu sein,

[54] Vgl. zum Vorstehenden Leukauf/Steininger (Anm. 44), § 42 Rz 1; 9, 18

[55] Leukauf/Steininger (Anm. 44), § 42 Rz 1

1. den ganzen aus seiner Tat entstandenen Schaden gutmacht oder
2. sich vertraglich verpflichtet, dem Verletzten binnen einer bestimmten Zeit solche Schadensgutmachung zu leisten. In letzterem Fall lebt die Strafbarkeit wieder auf, wenn der Täter seine Verpflichtung nicht einhält.

(3) Der Täter ist auch nicht zu bestrafen, wenn er den ganzen aus seiner Tat entstandenen Schaden im Zug einer Selbstanzeige, die der Behörde (§ 151 Abs. 3) sein Verschulden offenbart, durch Erlag bei dieser Behörde gutmacht.

(4) Der Täter, der sich um die Schadensgutmachung ernstlich bemüht hat, ist auch dann nicht zu bestrafen, wenn ein Dritter in seinem Namen oder wenn ein anderer an der Tat Mitwirkender den ganzen aus der Tat entstandenen Schaden unter der im Abs. 2 genannten Voraussetzungen gutmacht."

2.2.2 *Schweiz*

Ein kurzer Blick auf die einschlägigen Regelungen des Schweizerischen StGB (im folgenden: Schw StGB) zeigt manches schon vom Öst StGB her Bekannte, aber auch die eine oder andere Besonderheit.

Art. 137 Ziff. 1 Schw StGB bestimmt:

„Wer einem anderen eine fremde, bewegliche Sache wegnimmt, um sich oder einen anderen damit unrechtmäßig zu bereichern, wird mit Zuchthaus bis zu fünf Jahren oder mit Gefängnis bestraft."

Ob der subjektive Tatbestand dieses Delikts erfüllt ist, erscheint wiederum deshalb zweifelhaft, weil Herr A sich möglicherweise mit Erfolg darauf berufen kann, daß es ihm nicht um eine Bereicherung gegangen sei. Gegebenenfalls wäre dann Art. 143 Schw StGB zu prüfen:

„Wer ohne Bereicherungsabsicht eine bewegliche Sache dem Berechtigten entzieht und ihn dadurch schädigt, wird, auf Antrag, mit Gefängnis oder mit Buße bestraft. In besonders leichten Fällen ist die Strafe Buße."

Eine Anwendung des Art. 138 Schw StGB:

„Wer jemanden eine fremde, bewegliche Sache von geringem Wert aus Not, Leichtsinn oder zur Befriedigung eines Gelüstes entwendet, wird, auf Antrag, mit Haft bis zu acht Tagen oder mit Buße bestraft.

Hat der Täter aus Not gehandelt, so kann der Richter von einer Bestrafung Umgang nehmen."

würde aus den bereits bei § 141 Öst StGB dargelegten Gründen[56] kaum in Betracht kommen.

Zur Bestimmung der Schuld(un)fähigkeit verwendet auch das Schw StGB die biologisch-psychologische Methode:

„Art. 10
Wer wegen Geisteskrankheit, Schwachsinn oder schwerer Störung des Bewußtseins zur Zeit der Tat nicht fähig war, das Unrecht seiner Tat einzusehen oder gemäß seiner Einsicht in das Unrecht der Tat zu handeln, ist nicht strafbar . . . ."

„Art. 11
War der Täter zur Zeit der Tat in seiner geistigen Gesundheit oder in seinem Bewußtsein beeinträchtigt oder geistig mangelhaft entwickelt, so daß die Fähigkeit, das Unrecht seiner Tat einzusehen oder gemäß seiner Einsicht in das Unrecht der Tat zu handeln, herabgesetzt war, so kann der Richter, die Strafe nach freiem Ermessen mildern . . . ."

Auffällig ist an diesen Regelungen die unterschiedliche Ausgestaltung der biologischen Voraussetzungen. Der Kreis der relevanten Normabweichungen ist in Art. 10 Schw StGB sehr viel enger gezogen worden als in Art. 11 Schw StGB. Dabei ist freilich zu berücksichtigen, daß der Begriff der ‚Geisteskrankheit‘ nach H. Schultz[57] nicht ausschließlich im medizinischen Sinne zu verstehen ist. Er soll auch andere ‚seelische Auffälligkeiten‘ umfassen, sofern sie in ihren sozialen Auswirkungen einer Geisteskrankheit gleichkommen (z. B. Psychopathien); gemeint seien Verhaltensweisen, die von jedermann als „verrückt" angesehen würden.

Erwähnenswert ist im übrigen noch Art. 64 Schw StGB. nach dieser Vorschrift kann der Richter die Strafe u. a. dann mildern,

---

[56] Vgl. oben
[57] Einführung in den Allgemeinen Teil des Strafrechts, 1. Bd., 3. Aufl., S. 200

„wenn der Täter durch das Verhalten des Verletzten ernstlich in Versuchung geführt wurde" oder wenn der Täter „aufrichtige Reue betätigt, namentlich den Schaden, soweit es ihm zuzumuten war, ersetzt hat".

3. Rechtspolitischer Ausblick

Das von einem kleptomanen Täter begangene Eigentumsdelikt zeichnet sich im Regelfall oder jedenfalls häufig durch drei Eigenarten aus:

- Der im Einzelfall angerichtete Schaden ist gering.
- Das Tatobjekt ist relativ ungeschützt.
- Die Fähigkeit zu normgemäßen Verhalten entspricht nicht der eines ‚Durchschnittsmenschen'.

Wenn trotz dieser Besonderheiten gegebenenfalls mit Mitteln des Strafrechts reagiert wird, so ist es sicher legitim zu fragen, ob es sich dabei nicht um Überreaktionen handeln könnte. Sollte sich der Staat nicht vielleicht aus diesem Bereich zurückziehen und die Regulierung dem Zivilrecht überlassen? Oder aber, falls staatliche Sanktionen bei den in Rede stehenden Verhaltensweisen zum Schutz des sozialen Friedens und des Rechtsfriedens als unverzichtbar erscheinen: Müssen es unbedingt strafrechtliche Sanktionen sein oder reicht nicht unter Umständen die Einstufung als Ordnungswidrigkeit und die Androhung einer Geldbuße aus? Und wenn es unbedingt das Strafrecht sein muß: gibt es nicht bessere, gerechtere Lösungen als die gegenwärtigen?

Alle diese Fragen sind nicht mit leichter Hand zu beantworten. Über sie wird bereits seit Jahren heftig diskutiert oder gar polemisiert. Umstritten war (und ist wohl noch) neben dem Kriterienkatalog für die Schuldfähigkeit die Behandlung der Bagatellkriminalität im Bereich der Vermögensdelikte. Die insoweit seit dem 1.1.1975 geltenden Regelungen haben den Diskussionen einen vorläufigen Schlußpunkt gesetzt. Man sollte den neuen Normen die Gelegenheit geben, sich in der Praxis zu bewähren. Durch Erfahrungen der Praxis nicht hinreichend abgesicherte und zudem schnell aufeinanderfolgende Reformen tragen nur zur weiteren Aushöhlung des ohnehin unsicher gewordenen Vertrauens des Bürgers in die Verläßlichkeit der Gesetze bei.

Zu berücksichtigen ist in diesem Zusammenhang im übrigen, daß die für den Diebstahl geringwertiger Sachen gefundene Lösung unlängst mit dem Placet des Bundesverfassungsgerichts versehen worden ist. Das Gericht hat in einer Entscheidung vom 17.1.1979 u. a. ausgeführt[58]: Der Gesetzgeber sei von Verfassungs wegen nicht gezwungen gewesen, den Diebstahl geringwertiger Sachen aus dem Strafrecht herauszunehmen und etwa in das Ordnungswidrigkeitenrecht zu verlagern oder aber den Übertretungstatbestand des Mundraubes beizubehalten; daß auch der Diebstahl geringwertiger Sachen nach § 242 StGB wahlweise mit Freiheitsstrafe bis zu fünf Jahren oder mit Geldstrafe bedroht werde, verstoße nicht gegen das verfassungsrechtliche Prinzip schuldangemessenen Strafens; sowohl die Weite des Strafrahmens als auch die Vorschriften des Allgemeinen Teils des StGB sowie § 248a StGB erlaubten es den Organen der Strafrechtspflege, dem spezifischen Unrechts- und Schuldgehalt von Bagatelldiebstählen im konkreten Fall Rechnung zu tragen.

Die Notwendigkeit, dem nunmehr geltenden Recht die Chance der Bewährung einzuräumen, impliziert freilich nicht das Gebot, die in der Reformdiskussion pro und contra gewechselten Argumente gleichsam zu den Akten zu legen und keines Blickes mehr zu würdigen. Ihre Kenntnis wird vielmehr ab und an zum richtigen Verständnis und zur sinnvollen Anwendung der einschlägigen Normen beitragen, das Erfassen des ‚spezifischen Unrechts- und Schuldgehalts von Bagatelldiebstählen‘ erleichtern können. Hierzu abschließend einige kurze Bemerkungen[59]:

[58] BVerfGE 50, 205 (213 ff.)
[59] Vgl. hierzu im einzelnen vor allem die Gutachten, die Referate sowie die Diskussion zum 51. Deutschen Juristentag 1976 (Gutachten D und E, Sitzungsbericht N; Thema: Empfiehlt es sich, in bestimmten Bereichen der kleinen Eigentums- und Vermögenskriminalität, insbesondere des Ladendieb-

Im Mittelpunkt des Interesses von Juristen wie auch Medizinern[60] stehen die Ladendiebstähle. Sie weisen erhebliche Steigerungsraten auf: Nach der Polizeilichen Kriminalistik nahmen sie im Zeitraum 1963–1970 um 240 % zu[61]; im Jahr 1979 soll die Zahl der Ladendiebstähle um 14.678 oder 5,8 % auf 267.574 gestiegen sein und damit 7,6 % der Gesamtkriminalität – die höchste Quote in den letzten zehn Jahren – erreicht haben.[62] Die Ladendiebstähle stellen daher schon von der Quantität her die Strafverfolgungsorgane und den Staat vor erhebliche Probleme. Das allein vermag indessen die Aufmerksamkeit, die man diesen Delikten widmet, nur teilweise zu erklären. Hinzu kommen spezifische qualitative Besonderheiten, die jedenfalls nachdenklich stimmen: Betroffen von den Ladendiebstählen sind in der Regel Warenhäuser und Selbstbedienungsläden, in denen der Kunde eigentlich nur ‚zuzugreifen' braucht und durch die Art des Angebots zum möglichst häufigen ‚Zugreifen' – freilich immer nur gegen Bezahlung an der Kasse – geradezu veranlaßt werden soll. Das ist das eine. Das andere ist die auffällige Tatsache, daß es sich bei den Tätern häufig um im übrigen sozial angepaßte Menschen handelt, daß für die entwendeten Gegenstände oft ein aktueller Bedarf nicht besteht und daß es nicht selten an einleuchtenden Handlungsmotiven fehlt. Von Gewicht ist schließlich folgendes: Die Geschädigten verlangen von einem ertappten Dieb regelmäßig nicht nur den Kaufpreis, sondern zusätzlich etwa eine „Bearbeitungsgebühr". Kommt es dann noch zu einer Bestrafung, so mag das im Einzelfall durchaus auf Unverständnis stoßen.

Diese Besonderheiten, die sicher nach der einen oder anderen Seite ergänzt werden könnten, verdienen Beachtung. Die Beachtung darf allerdings nicht so weit gehen, daß die geltenden Regelungen im Sinne einer – wie manche vielleicht meinen, verpaßten

stahls, die strafrechtlichen Sanktionen durch andere, zum Beispiel zivilrechtliche Sanktionen abzulösen, gegebenenfalls durch welche?).

[60] Vgl. neuerdings de Boor/Kohlmann, Obsessionsdelikte, Heft 6 der Schriftenreihe des Instituts zur Konfliktforschung, Karger (1980) Basel.

[61] Witkowski, Kriminalität in der Bundesrepublik Deutschland, Der Kriminalist 1974, 587; vgl. auch Naucke, Gutachten zum 51. Deutschen Juristentag, S. D 49 ff. und Drucksache 8/1924 des Schl.-Holst. Landtages.

[62] vgl. Notiz der FAZ vom 21.10.1980

– grundlegenden Reform unterlaufen werden. Gefahren in dieser Richtung bestehen etwa dann, wenn rational nicht unmittelbar einsichtige Verhaltensweisen durch spekulative tiefenpsychologische Erwägungen ‚erklärt‘ und ‚entschuldigt‘ werden oder wenn die eigentliche ‚Schuld‘ bei einem Ladendiebstahl nicht dem – verführten – Täter sondern dem Opfer zugeschoben wird, das den Täter durch zwar rechtlich zulässige, aber gesellschaftspolitisch mißbilligte Praktiken verführt, manipuliert hat. Eine Neigung, die verletzte Ordnung nicht auf Kosten derer wiederherzustellen, die sie gestört haben, sondern den Störer selbst als Verletzten gleichsam mit einem Anspruch auf einen Platz im Lazarett erscheinen zu lassen, würde das Wort „Therapie“ wohl auf fatale Weise mißverstehen.

Zum Abschluß ein Blick weit zurück in die Vergangenheit. Es ist interessant festzustellen, daß man sich schon vor langer Zeit Gedanken über eine differenzierende Behandlung von Eingriffen in das Eigentum gemacht hat. Im 5. Buch Mose (23, 25) findet sich folgende Unterscheidung: „Wenn du in deines Nächsten Weinberg gehst, so darfst du Trauben essen nach deinem Wunsch, bis du satt bist, aber du sollst nichts in dein Gefäß tun“. Die hierin zum Ausdruck kommende ‚Sozialbildung des Eigentums‘ wird dann noch mit folgenden Worten verdeutlicht (24, 21). „Wenn du deinen Weinberg abgelesen hast, so sollst du nicht nachlesen, es soll dem Fremdling, der Waise und der Witwe zufallen“. Ein schönes Bild für die soziale Verantwortung und Verpflichtung des in der Gemeinschaft mit anderen lebenden Menschen.

Anmerkung bei Drucklegung:
Der juristische Teil wurde vor dem übrigen Manuskript abgeschlossen. Änderungen haben sich bei den einschlägigen Normen des deutschen Strafrechts in der Zwischenzeit nicht ergeben.

Bibliographie

1. Literatur zur Kleptomanie (1823–1990)

A. Abele: *Reaktionen auf abweichendes Verhalten.* In: *Kriminalistisches Jahrbuch* (1976), S. 224.

A. Abele, W. Nowack: *Ladendiebstahl fünfmal pro Tag. Ein Feldexperiment zu Determinanten informeller sozialer Kontrolle.* In: *Kriminalistisches Jahrbuch* (1976), S. 224.

K. Abraham: *Untersuchungen über die früheste Entwicklung der Libido.* In: *Internationale Zeitschrift für ärztliche Psychoanalyse IV* (1916), Heft 2, S. 71.

H. Adam: *Zur Armutsdiskussion in der Bundesrepublik Deutschland.* In: *Sozialer Fortschritt 26* (1977), S. 37.

M. Aggernaes: *A study of kleptomanie with illustrative cases.* In: *Acta psychiatr. neurol. scand. 36* (1961), S. 1–46.

M. Alberti: *De gravida quae furtum commisit. Systeme jurisprudentis Medicae 5* (1740), S. 149.

F. Alexander u. H. Staub: *Das Verbrechen und seine Richter.* Wien 1929.

Th. Althoff: *Ladendiebstahl. Wirtschaftliche Aspekte in der Diskussion.* In: *Wohlstandskriminalität – Die neue Herausforderung.* Hrsg. von W. Kerber. Zürich 1976. S. 33.

M. Amelang: *Untersuchungen zur selbstberichteten Delinquenz. I. Teil: Liefern Fragebogen zur Häufigkeit strafbarer Handlungen verlässliche Resultate?* In: *Monatsschrift für Kriminologie und Strafrechtsreform 54* (1971), S. 98.

A. Antheaume: *Sur la prétendue existence du vol kleptomaniaque.* In: *Ann. méd. Lég. 5* (1925), S. 281–294 u. 6 (1925), 341–344.

A. Antheaume: *La légende de la Kleptomanie, affection mentale fictive.* In: *L'Encéphale 20* (1925), S. 368–388.

A. Antheaume: *Le roman d'une épidémie parisienne.* In: *Le vol à Pétalage.* Paris 1925.

A. Antheaume: *Bull. Acad. Méd.* Paris 93 (1925), S. 610 (Discussion R. d. Fursac, M. de Fleury)

I. Antilla: *Über Ursachen der Kriminalität im Wohlfahrtsstaat.* In: *Monatsschrift für Kriminologie und Strafrechtsreform* 47 (1964), S. 252.

G. Arzt: *Zur Bekämpfung der Vermögensdelikte mit zivilrechtlichen Mitteln – Der Ladendiebstahl als Beispiel.* In: Jus 1974, S. 693.

G. Arzt: *Offener oder versteckter Rückzug des Strafrechts vom Kampf gegen Ladendiebstahl?* In: *Juristische Zeitschrift* (1976), S. 54 ff.

G. Arzt: *Empfiehlt es sich, in bestimmten Bereichen der kleinen Eigentums- und Vermögenskriminalität, insbesondere des Ladendiebstahls, die strafrechtlichen Sanktionen durch andere, z. B. zivilrechtliche Sanktionen, abzulösen, gegebenenfalls durch welche?* Referat auf dem 51. Deutschen Juristentag. In: *Verhandlungen des 51. Deutschen Juristentages 1976.* Bd. II. München 1976.

K. S. Bader: *Zur Soziologie des Raubes in „Diebstahl, Einbruch und Raub".* Arbeitstagung im Bundeskriminalamt, Wiesbaden 1958, S. 174.

V. Baer-Hess: *Über Kleptomanie beim Manne.* In: *Monatsschrift für Psychiatrie und Neurologie 116* (1948), S. 224–250.

W. Bärsch: *Beten wir die Gewalt der Bedürfnisse an? Der psychologische Nährboden für Wohlstandskriminalität.* In: *Wohlstandskriminalität – Die Neue Herausforderung.* Hrsg. von W. Kerber. Zürich 1976. S. 45.

R. Battegay: *Sucht und Depression.* In: *Schweizerisches Archiv für Neurologie, Neurochirugie und Psychiatrie 94* (1964) Heft 2.

R. Battegay: *Narzißmus und Objektbeziehung.* Bern 1977.

G. Bauer u. K. Hagenbucher: *Stehlen in psychiatrischer Sicht.* In: *Zeitschrift für Nervenheilkunde 30* , Wien 1972, S. 58.

Bayerl: *Stellungnahme Ladendiebstahl Deutscher Bundestag.* Sten. Ber. 7/5051 (1974).

W. Becker: *Kaufhaus- und Ladendiebstähle.* In: *Kriminalistik* 1972, S. 195.

W. Becker: *Kaufhaus- und Ladendiebstähle. Ein Problem der Kinder- und Jugendkriminalität.* In: *Kriminalistik* 1972, S. 195 ff.

R. Benon: *Kleptomanie et grossesse.* In: *Ann. Méd. lég.* 6 (1926), S. 132 und 7 (1927), S. 511–517.

F. H. Berckhauer: *Soziale Kontrolle der Bagatellkriminalität: Der Ladendiebstahl als Beispiel.* In: Deutsche Richter-Zeitung (1976), S. 229 ff.

H. J. Bethge: *Der Ladendiebstahl unter besonderer Berücksichtigung des Diebstahls in Selbstbedienungsläden.* Dissertation jur. Kiel 1966.

Dr. Biersnyder (Pseudonym): *Neurose oder Kleptomanie?* In: *Deutsches Ärzteblatt* 32 (1986), S. 1848.

K. Birnbaum: *Kriminalpsychopathologie und psychologische Verbrecherkunde.* 3. Auflage. Berlin 1931.

W. Bittner: *Zum Problem der sogenannten Pseudopsychopathien.* In: *Monatsschrift für Kriminologie und Strafrechtsreform* 51 (1968), S. 115–123.

E. Blankenburg: *The Selectivity of Legal Sanctions: an Empirical Investigation of Shoplifting.* In: *Law and Society Review* 11 (1976), S. 109.

E. Blankenburg: *Die Staatsanwaltschaft im Prozeß sozialer Kontrolle.* In: *Kriminalistisches Jahrbuch* 5 (1973), S. 187.

E. Blankenburg, K. Sessar u. W. Steffen: *Die Schichtverteilung der (Eigentums- und Vermögens-)Kriminalität: Eine Willkür der Instanzen?* In: *Kriminalistisches Jahrbuch* 7 (1975), S. 3.

E. Blankenburg, H. Steinert, H. Treiber: *Empirische Rechtssoziologie und Strafrechtsdogmatik. Die Beliebigkeit von Ergebnissen empirischer Sozialforschung für die strafrechtsdogmatische Diskussion. Am Beispiel der von Juristen geführten Debatten zum Ladendiebstahl.* In: *Kriminalistisches Jahrbuch* 9 (1977), S. 126.

E. Blankenburg: *Die Selektivität rechtlicher Sanktionen, eine empirische Untersuchung von Ladendiebstählen.* In: KZSS (1969), S. 805 ff.

R. Bloch: *Zur Stellungnahme der Monomanien und Süchte in der speziellen Psychiatrie.* In: *Nervenarzt* 46 (1969), S. 28–32.

E. Böhm: *Zur forensischen Beurteilung von Hypoglykämien unter Behandlung mit oralen Antidiabetica.* In: *Deutsche Zeitschrift für gerichtliche Medizin* 64 (1968), S. 217–227.

P. Boissier u. Lachaux: *Contribution à l'étude clinique de la Kleptomanie.* In: *Annales médicales-psychologiques* 52 (1984), S. 42–45.

W. de Boor: *Der Warenhausdiebstahl-Symptom einer Krise?* In: *Ladendiebstahl, Ev. Akademie Hofgeismar,* Protokoll Nr. 82/73 (1973), S. 59.

W. de Boor: *Ziele der Konfliktforschung.* In: *Ärztliche Praxis* Nr. 74 (14. September 1971), S. 3327

W. de Boor: *Der Warenhausdiebstahl. Typische und atypische Motive.* In: *Forensia Nr. 3* (1977/78), S. 221–229.

W. de Boor: 1966 zitiert nach: *Dritte Aktion gegen Wohlstandskriminalität.* o. J. (Hrsg.: Kuratorium z. Bekämpfung der Wohlstandskriminalität).

W. de Boor: *Sozialer Infantilismus – Ursachen der Kriminalität.* Hilden: Verlag Deutsche Polizeiliteratur 1990.

U. Börm: *Entwendungen in Selbstbedienungsläden.* Dissertation jur. Hamburg-Düsseldorf 1963.

M. Boulenger: *Kleptomanie et fétichisme.* In: *Journal Neurol. 20* (Brüssel 1929), S. 304–307.

M. Bousquet: *Le vol dans les grands magasins.* In: *Concours Médicale* (1969), S. 6485–6488.

P. H. Bresser: *Diebstähle ohne Bereicherungstendenz – kein psychopathologisches Syndrom.* In: *Fortschritte Neurologie Psychiatrie 47* (1979), S. 617–627.

P. H. Bresser: *Die Forensische Beurteilung nach frühen Hirnschäden.* In: *Charakteropathie nach frühkindlichen Hirnschäden.* Hrsg. von H. Stutte u. H. Koch. Heidelberg 1970. S. 83–91.

P. H. Bresser: *Psychologie und Psychopathologie der Jugendlichen.* In: *Handbuch der Forensischen Psychiatrie.* Bd. I. Berlin 1972. S. 581–582.

Bundesarbeitsgemeinschaft der Mittel- und Großbetriebe des Einzelhandels e. V. (BAG) (Hrsg.): *Untersuchung der Ladendiebstähle.* Jahresauswertung 1974. Fortschritt im Betrieb. Köln 1975.

M. Burger: *L'organisation orale chez une hystérique kleptomane.* In: *Revue française psychoanalytique 26* (1962), S. 423–446.

H. Bürger-Prinz u. H. Leferenz: *Alterskriminalität.* In: *Sexualität und Verbrechen.* Frankfurt 1963.

H. Bürger-Prinz u. H. Leferenz: *Das menschliche Triebleben und seine forensische Bedeutung.* In: *Monatsschrift für Kriminologie und Strafrechtsreform 30* (1939), S. 449–460.

G. Bychowski: *Über Encephalose mit kleptomanen Impulsen.* In: *Nervenarzt 5* (1932).

C.-W. Canaris: *Zivilrechtliche Probleme des Warenhausdiebstahls.* In: *Neue Juristische Wochenschrift* (1974), S. 521 ff.

T. Carstens: *Zivilrechtliche Sanktionen gegen Ladendiebe.* In: *ZRP* (1975), S. 268 ff.

G. de Clérambault: *Kleptomanie.* In: *Archives d'Anthropologies criminales 23* (1908), S. 439–456.

A. Cloward u. L. E. Ohlin: *Delinquency and Opportunity. A Theory of Delinquent Gangs.* Glencoe 1961.

H. Coben: *Und der Ladendiebstahl? – Die Erfahrungen einer amerikanischen Unternehmung.* In: *Die Herausforderung der 30er Jahre: Warendiebstahl und Inventurverluste. Bericht über das internationale Symposium der AIDA.* Zürich (1973), S. 117 ff. (Sonderdruck).

B. Cormier: *Passage aux actes délictueus et états dépressifs.* In: *Acta psychiatrica belgica 70* (1970), S. 103.

L. Cotte u. L. Thevenin: *Le vol pathologique.* In: *Études de criminologie clinique.* Hrsg.: Colin, M. Paris 1964.

Creutzig: *Schadensersatzpflicht der Ladendiebe.* In: *Neue Juristische Wochenschrift* (1973), S. 1593 ffe.

J. Delay, J. F. Suisson u. M. Henne: *Hystérie et Kleptomanie.* In: *Encéphale 44* (1955), S. 239–253.

E. Deutsch: *Empfiehlt es sich, in bestimmten Bereichen der kleinen Eigentums- und Vermögenskriminalität, insbesondere des Ladendiebstahl, die strafrechtlichen Sanktionen durch andere, zum Beispiel zivilrechtliche Sanktionen abzulösen, gegebenenfalls durch welche?* Gutachten E zum 51. Deutschen Juristentag (1976). Zit. 1976 b.

L. Deutsch: *Zur Frage der Kleptomanie.* In: *Zentralblatt für die gesamte Neurologie und Psychiatrie 152* (1935), S. 208.

P. Dickmeiss: *On female criminality during the climacterie.* In: *Acta Psychiat. neurol. Scand. 21* (1946), S. 217–231.

H. Dietrich: *Atalanta Komplex und Kleptomanie.* In: *Monatsschrift für Kriminologie und Strafrechtsreform 59* (1976), Heft 2/3, S. 141–148.

U. Dörmann: *Gastarbeiter. Kriminalität und Lebenssituation.* In: *Die Polizei* (1975), S. 123.

U. Dörmann: *Statistik des Ladendiebstahls.* In: *Kriminalistik 9* (1978), S. 385 f.

E. Dreher: *Die Behandlung der Bagatellkriminalität.* In: *Festschrift für Welzel* (1974), S. 917 ff.

J. Cl. Dubois u. G. Rancurel: *Vol et mélancolie à propos de cinque observations.* In: *Annales médico-psych. 125* (1967), S. 572.

P. Dubuisson: *Les voleuse de grands magasins.* In: *Archives d'Anthropologies criminales 16* (Paris 1903). S. 344.

P. Dubuisson: *Die Warenhausdiebinnen.* Leipzig 1904.

R. Dupouy: *De la kleptomanie.* In: *Journ. psychiat. 1* (1905), S. 404–426.

S. Dürmüller: *Der Ladendiebstahl.* In: *Kriminalstatistik* (1972), S. 244.

K. Ederle: *Ladendiebstahl verhindern – Aufgabe des Handels.* In: *Kriminalstatistik* (1972), S. 392 ff.

W. Eliasberg: *Unwiderstehlicher und nicht widerstandener Trieb.* In: *Monatsschrift für Kriminologie und Strafrechtsreform 53* (1970), S. 172.

Elizur u. R. Jaffe: *Stealing as a pathological Symptom.* In: *Israel Anals Psych. IV* (1966), S. 52.

A. Eser: *Kommentierung zu § 248 a StGB.* In: *Schönke/Schröder. Kommentar zum StGB.* 18. Aufl. 1976.

E. Esquirol. In: *Dictionnaire scienta médicale 16* (1816), S. 151.

H. Ey: *Les Impulsions.* In: *Études Psychiatriques Bd. II.* Paris 1950.

Ch. Feest u. J. Feest: *Alterskriminalität.* In: *Kleines Kriminologisches Wörterbuch.* Hrsg. von G. Kaiser, F. Sach, W. Schellhoss. Freiburg 1974. S. 27.

L. Floru: *Der Begriff des ,Pathologischen Stehlens'* In: *Monatsschrift für Kriminologie und Strafrechtsreform 57* (1974), S. 72.

O. L. Forel: *Masochismus und Kleptomanie.* In: *Zentralblatt für die gesamte Neurologie und Psychiatrie 84* (1923), S. 478–491.

L. Frank: *Zur Frage der Unlustneurose: Trotzneurosen, Kleptomanien.* In: *Zentralblatt für die gesamte Neurologie und Psychiatrie 82* (1923), S. 60–65.

H. Franzheim: *Kriminalpolitische Problematik des Ladendiebstahls.* In: *ZRP* (1972), S. 158 ff.

A. Freiburg: *Das Gerede von der Wohlstandskriminalität. Zur Entwicklung der Kriminalität in der DDR seit 1970.* In: Deutschlandarchiv (1975), S. 1083.

D. Fricke: *Einkommen und Anspruchsniveau.* In: *Forschungsbericht des Landes Nordrhein-Westfalen Nr. 221 3.* Opladen (1972).

M. Friedemann: *Zur Psychologie und gerichtlichen Begutachtung der Kleptomanie.* In: *Fortschritte der Sexualwissenschaft und Psychoanalyse.* Bd. 3. Leipzig (1928).

M. Füllkrug: *Fangprämie für Ladendiebe.* In: *Kriminalistik* (1987), S. 531.

F. J. Gall: *Sur les fonctions du cerveau et sur celles de chacune de ses parties . . .* Paris 1825.

P. Garnier: *La folie à Paris*. In: *Annales Hyg. Publ. 18* (Paris 1890), S. 268. Paris 1890.

T. P. Gasser: *Warendiebstahl und Inventurverluste – eine Plage, die Millionen kostet*. In: *Die Herausforderung der 70er Jahre: Warendiebstahl und Inventurverluste. Berichte über das internationale Symposium der AIDA*. Zürich 1973.

F. Geerds: *Ladendiebstahl. Gegenwärtige Situation und mögliche Konsequenzen für die Rechtsanwendung und Gesetzgebung*. In: *Festschrift für Eduard Dreher zum 70. Geburtstag*. Hrsg. von H. H. Jeschek und H. Lüttger. Berlin-New York 1977. S. 533.

F. Geerds: *Zur kriminellen Prognose*. In: *Monatsschrift für Kriminologie und Strafrechtsreform 43* (1960), S. 20.

F. Geerds: *Über mögliche Reaktionen auf Ladendiebstähle*. In: Deutsche Richter-Zeitung (1976), S. 225 ff.

Gegenfurtner: *Diebstähle in Warenhäusern*. In: *Kriminalistik* (1961), S. 35 ff.

H. Geißler: *Neue Soziale Frage. Zahlen, Fakten, Daten*. Als Manuskript vervielfältigt. Teilabdruck in: *Sozialer Fortschritt* (1976), S. 123.

J. Gerchow: *Medizinische Gesichtspunkte zur Bedeutung „unterbewußter" (kausaler) Strebungen bei Vorsatztaten*. In: *Deutsche Zeitschrift für gerichtliche Medizin 55* , (1964), S. 12.

J. Gerchow: *Das triebhafte Stehlen (die sog. Kleptomanie)*. Bundeskriminalamt Wiesbaden (1958), S. 69–79.

J. Gerchow: *Die kriminologische Bedeutung der Triebirradiationen am Beispiel des Stehlens aus sexuellen Gründen*. In: *Deutsche Zeitschrift für gerichtliche Medizin 45* (1956), S. 477–480.

P. Giesler: *Wohlstandsdelikt Ladendiebstahl*. In: *BAG-Nachrichten* (1975), S. 20 ff. (Sonderdruck)

G. B. Giordano: *Infantilismo mentale e cleptomania maschiele*. In: *Neuro-psychiat. 15* (1959), S. 405–421.

R. Grasberger: *Die Kriminalität des Wohlstandes*. In: *Kriminalistik* (1963), S. 193.

E. Ch. Grattenauer: *Sammlung merkwürdiger Rechtsfälle*. Nürnberg 1794.

J. Greger u. E. Popella: *Zur forensisch-psychiatrischen Beurteilung motivisch unklarer Diebstähle*. In: *Psychiat. Neurol. Med. Psychol. 20* (1968), S. 302–312.

H. Grelinger: *Trois cas de Kleptomanie*. In: *Journal belge neurol. psychiat. 40* (1940), S. 105–117.

H. A. Griffin: *Selbstbetrug oder Zynismus? Sind die Ladendiebe schuld an den Inventurdifferenzen?* In: *Kriminalistik* (1982), S. 390

H. Groß: *Kriminalpsychologie.* Graz 1898.

W. Groß: *Sucht ohne Drogen.* Frankfurt 1990.

H. W. Gruhle: *Motiv und Ursache in der Krimonologie.* In: *Monatsschrift für Kriminologie und Strafrechtsreform 27* (1936), S. 113–131.

H. W. Gruhle: *Kleptomanie.* In: *Handwörterbuch der Kriminologie.* Hrsg. A. Elster und W. Lingemann. Berlin/Leipzig 1933.

H. Gudden: *Die Zurechnungsfähigkeit bei Warenhausdiebstählen.* In: *Mendels Neurologisches Zentralblatt 25* (1906), S. 922–924.

W. Hadamik: *Die Wesenlosigkeit des Kleptomaniebegriffes. Zugleich ein Beitrag zur Leukotomiefrage.* In: *Monatsschrift für Kriminalbiologie 38* (1955).

M. Hammes: *Wenn der Ladendiebstahl zum „psychokinetischen Apport" wird.* In: *Kriminalistik* (1979), S. 236 ff.

K. Händel: *Bekämpfung des Ladendiebstahls.* In: *Kriminalistik* (1971), S. 307 ff.

E. Havelock: *L'ondinisme, la cleptolagnie.* In: *Étude de psychologie sexuelle.* Paris 1933.

J. Hellmer: *Zur Kriminalität in beiden Teilen Deutschlands.* In: *Festschrift für Maurach* (1972), S. 641 ff.

J. Hellmer: *Kriminalität und Kultur.* In: *Monatsschrift für Kriminologie und Strafrechtsform 46* (1963), S. 97.

H. von Hentig: *Zur Psychologie der Einzeldelikte.* Bd. I. Tübingen 1954. S. 36–53.

J. Hirschmann: *Die Kleptomanie.* In: *Vortrag 6. Lindauer Psychotherapie-Woche 1955.* Hrsg.: E. Speer 1956.

J. Hirschmann: *Periodische Kleptomanie im Rahmen von Zwischenhirnstörungen.* In: Kriminalbiologische Gegenwartsfragen. Stuttgart 1953 und 1954.

A. Hoche: *Handbuch der gerichtlichen Psychiatrie.* Berlin 1901. Zur Kleptomanie S. 504 ff.

A. B. Hollingshead, R. Ellis u. E. Kirby: *Social Mobility and Mental Illness.* In: *American Sociologic Review 19* (1954), S. 577–584.

C.-G. Holtzhausen: *Bekämpfung des Ladendiebstahls – eine Zwischenbilanz.* In: *Fortschritt im Betrieb. Bericht über die 22. Betriebswirtschaftliche Arbeitstagung in Baden-Baden* (1975), S. 44 ff.

R. Hood: *Sentencing the Motoring Offender.* London 1972.

K. W. Ideler: *Annales de Charité* 6 (1855), S. 80. (Deutsch von Marc) In: *Die Geisteskrankheiten in Beziehung zur Rechtspflege.* Berlin 1844.

Industriemagazin o. V.: *Gegen Ladendiebstahl ist nachweislich keine Bevölkerungsgruppe gefeit.* In: *Industriemagazin. Gespräch mit I. Althoff. Karstadt AG,* Juni 1973.

Insitut für Selbstbedienung (ISB): *Selbstbedienung in Zahlen 1975/76.* Köln 1973.

P. Janet: *La kleptomanie et la dépression mentale.* In: *Jahrbuch für Psychiatrie* (1911), S. 97–103.

Jarosch: *Der Warenhausdiebstahl in medizinischer und strafrechtlicher Sicht.* In: *Österreichische Richter-Zeitung* (1968), S. 33 ff., 59 ff.

Jarosch: *Die Kriminologie des Warenhausdiebstahls.* In: *Deutsche Zeitschrift für gerichtliche Medizin 62* (1968), S. 140.

L. A. Jendryschik: *Ladendiebstahl: Wie man eine Berufsgruppe diffamiert.* In: *DAG, Der Angestellte, Nr. 361/35* (1982), S. 22.

M. Kaess: *Ein Fall von Eigentumsdelikt als sexuelle Symbolhandlung und seine strafrechtliche Behandlung.* In: *Monatsschrift für Kriminologie und Strafrechtsreform 41* (1958), S. 46–55.

G. Kaiser: *Kriminalität in der Wohlstandsgesellschaft.* In: *Kriminalistik* (1966), S. 281 u. S. 339.

G. Kaiser: *Zur Kriminalität von Randgruppen. Ladendiebstahl.* In: *Kleines Kriminologisches Wörterbuch* (1974), S. 70 ff.

H. Kalleicher: *Mankomacher Kunde* (1969).

H. Kalleicher: *Mankomacher Mitarbeiter* (1972).

H. Kalleicher: *Warenwerbung und Warendiebstahl.* In: *BAG-Nachrichten* 7/76, S. 16 f.

S. Keller, R. Battegay, U. Rauchfleisch u. T. Haenel: *Diebstähle bei Depressiven.* In: *Monatsschrift für Kriminologie und Strafrechtsreform 64* (1981). Heft 6.

W. Kerber: *Zunehmende Kriminalität in der Wohlstandsgesellschaft.* In: *Wohlstandskriminalität – Die neue Herausforderung.* Hrsg. von W. Kerber. Zürich 1976. S. 7.

K. Kirchner (Hrsg.): *Macht Klauen Spaß? Wohlstandskriminalität und Eigentumsprobleme in der Überflußgesellschaft.* Stuttgart 1976.

H. Kramer: *Probleme der Warenhauskriminalität – Staatliche Strafverfolgung und Warenhausjustiz.* In: *Polizei intern II* (1975), S. 15 ff.

W. F. J. Krause: *Ladendiebstahl und Zurechnungsfähigkeit*. In: *Monatsschrift für Kriminologie und Strafrechtsreform* 46 (1963), S. 49–73.

Kriminalistik: *Ladendiebstahl: Über 3 Milliarden DM Schaden? Oder „nur" 8 Millionen DM?* In: *Kriminalistik* (1982), S. 123.

H.-L. Kröber: *"Kleptomanie" als Familienspiel – Zur Schuldfähigkeit bei komplex motiviertem Stehlen*. In: *Nervenarzt* 59 (1988), S. 610–615.

Kuklick u. Otto: *Diebstahl aus Warenhäusern und Selbstbedienungsläden in der Hamburger Innenstadt*. (1973)

A. Lacassagne: *Les vols à l'étalage et dans les grands magazins*. In: *Congrés internationale d'anthropologie criminelle* Généve (1987), S. 152.

H. U. Lange u. M.-P. Engelmeier: *Ladendiebstahl als sexuelle Deviation*. In: *Sexualmedizin* 12 (1980), S. 470.

R. Lange: *Das Rätsel Kriminalität* (1970).

R. Lange: *Der Ladendiebstahl – Ein Ort wissenschaftlicher Verwirrung*. In: *Festschrift für Jahrreiß* (1974), S. 117 ff.

R. Lange: *Privilegierung des Ladendiebes*. In: *Juristische Rundschau* (1976), S. 177 ff.

W. Langer: *Mankomacher Kunde-Bericht über Ladendiebstähle*. In: *Der Kriminalist* (Juli 1976), S. 412–417.

J. Lansing u. N. Morgan: *Consumer Finances over the Life Cycle:* In: *Consumer Behaviour, Vol II. The Life Cycle and Consumer Behaviour.* New York 1955.

R. Lanter u. J. Nicolas: *Un cas de kleptomanie réactionelle*. In: *L'évolution psychiatrique* 4 (1953), S. 77–97.

L. Laquer: *Der Warenhaus-Diebstahl*. In: Abhandlungen zur Nervenkrankheit. Halle 1907. Bd. VII, Heft 5.

H. Laughin: *The Neuroses in Clinical Practice*. New York 1956.

J. Lederer: *La Kleptomanie prémenstruelle*. In: *Annales Endocrinologiques* 24 (1963), S. 460–468.

H. Leferenz: *Neuere Ergebnisse der gerichtlichen Psychiatrie*. In: *Fortschritte Neurologie Psychiatrie* 22, (1954), S. 369–408.

K. Lehr: *Bandenmäßig ausgeübter Warenhausdiebstahl*. In: *Kriminalistik* (1969), S. 433.

R. Lempp: *Somatische Ursachen der Frühkriminaltität und ihre forensisch-psychiatrische Beurteilung*. (1959), S. 798–802.

H. Lentz: *Ladendiebstahl aus der Sicht des Kriminalbeamten.* In: *Ladendiebstahl, Evangelische Akademie Hofgeismar, Protokoll Nr. 82/73. Akademietagung vom 29. bis 31.10.1973.*

A. Leroy: *Un cas suspect de kleptomanie.* In: *Journal belge neurol. psychiat. 31* (1931), S. 114−117.

R. Loitz: *Immer weniger unbescholtene Bürger.* In: *BAG-nachrichten 1975,* Heft 12 (Sonderdruck)

R. Loitz: *Ladendiebstahl − Die Entwicklung von 1963−1970.* In: *BAG-Nachrichten* (1972)

R. Loitz: *Der Ladendiebstahl als Gemeinschaftsdelikt.* In: *Kriminalistik* (1968), S. 486.

R. Loitz: *Ladendiebstähle. Eine kriminalogische Untersuchung.* In: *Kriminalistik* (1965), S. 509 und 583.

R. Loitz: *Die Ladendiebe in der polizeilichen Kriminalstatistik.* In: *Kriminalistik 8−9* (1984), S. 411 ff.

R. Loitz u. K. M. Loitz: *Kriminalstatistik registriert weniger Ladendiebstähle.* In: *BAG-Nachrichten* (1985), Heft 10, S. 18−23, 7 Tabellen.

R. Loitz u. K. M. Loitz: *Ladendiebstahl 1985 in Nordrhein-Westfalen: Zahl stagniert − Schaden wächst.* In: *BAG-Nachrichten* (1986), Heft 5, S. 5−9, 3 Tabellen.

C. C. Marc: *Die Geisteskrankheiten in Beziehung zur Rechtspflege* (Übersetzt und bearbeitet von Ideler). Berlin 1844. S. 18.

A. H. Maslow: *Motivation und Personality.* New York 1970.

L. Massion-Verniory: *La kleptomanie.* In: *Acta neurol-psychiat. belge 57* (1957), S. 869−889.

A. Matthey: *Nouvelles recherches sur les maladies de l'esprit.* Paris 1816.

P. Matussek: *Die süchtige Fehlhaltung.* In: *Handbuch der Neurosenlehre u. Psychotherapie.* Hrsg. von E. Frankl et al. Bd. II. München/Berlin 1958.

H. Mayer: *Zum Begriff der Wegnahme.* In: *Juristische Zeitschrift* (1962), S. 617 ff.

G. Meier: *Anspruchsverlust gegen Ladendieb durch kalkulatorische Berücksichtigung von Manko.* In: *BB* (1974), S. 1376 ff.

G. Meier: *Anmerkung zu OLG Koblenz.* In: *Neue Juristische Wochenschrift* (1976), S. 637. In: *Neue Juristische Wochenschrift* (1976), S. 584.

K. A. Menninger: *Criminal behavior as a form of masked self destructiveness.* In: *Bulletin Menninger Clinic 2* (1938), S. 1.

Mertesdorf: *Was tun Zeugen von Ladendiebstählen?* In: *Gruppendynamik* (1973), 315 ff.

E. Mezger: *Kriminologie*. München 1951.

K. D. Mey: *Die Selbstjustiz bei Ladendiebstählen*. In: *Kriminalistik* (1966), S. 570 ff.

K. D. Mey: *Ladendiebe*. In: *Kriminalistik* (1966), S. 308.

A. Meyer-Ginsberg: *Contribusos para un estudo psicologico sobre ladroes habeituais*. In: *Rev. psicol. norm. patol. 1* (1956), S. 60–79 und 2 (1956), S. 3–33.

J. E. Meyer: *Zur forensischen Bedeutung der Temporallappen-Epilepsie*. In: *Zeitschrift für gerichtliche Medizin 46* (1957), S. 212–225.

D. Meuer: *Die Bekämpfung des Ladendiebstahls. Wirtschaftlich-rechtliche Erwägungen und Daten zur kriminalpolitischen Situation*. Berlin/New York 1976.

W. Middendorf: *Gerechtigkeit bleibt auf der Strecke. Wieder einmal Ladendiebstahl*. In: *Kriminalistik* (1970), S. 66.

H. Minger: *Normbruch und Sanktion. Faktoren der Überwachungssaffizienz und Anzeige-Neigung bei Kaufhausdiebstählen*. Diss. Erlangen 1974.

K. W. Modigh: *Warenhaus- und Ladendiebstahl in schwedischer Sicht*. In: *Kriminalistik* (1972), S. 53 ff.

G. Mohnike: *Kleptomanie-Symptom in der Insulinhypoglykämie*. In: *Klinische Zeitschrift 24–25* (1946–47), S. 560–563.

H. J. Müller: *Zur Psychopathologie von Stehlhandlungen ohne (wesentliche) Bereicherungsabsicht*. In: *Archiv für Psychiatrische Nervenkrankheiten 223* (1977), S. 303.

U. Müller: *Schadenersatz wegen Vorsorgekosten beim Ladendiebstahl*. In: *Neue Juristische Wochenschrift* (1973), S. 358 ff.

B. Munkwitz: *Zur strafrechtlichen Beurteilung entwicklungsgehemmter jugendlicher Encephalopathen*. In: *Monatsschrift für Kriminologie und Strafrechtsreform 37* (1954), S. 170–197.

G. Nacken u. W. Witting: *Ladendiebstahl*. In: *Bundesarbeitsgemeinschaft der Mittel- und Großbetriebe des Einzelhandels e. V., Köln* (1981), 2. Auflage.

F. Neidhart: *Zwischen Apathie und Anpassung. Unterschichtenverhalten in der Bundesrepublik*. In: *Hamburger Jahrbuch für Wirtschafts- und Gesellschaftspolitik 15* (1970), S. 209.

Neke: *Ein sonderbarer Hang zum Stehlen.* In: Karl Philipp Moritz: *Magazin zur Erfahrungsseelenkunde als ein Lehrbuch für Gelehrte und Ungelehrte.* Bd. 2 (1784), S. 18.

L. Niedenthal: *Zur Kriminalpsychologie des Diebstahls.* Diss. Münster 1934.

A. Ochmann: *Diebstahlsdelikte von Frauen und ihre Ursachen.* Hamburg 1965.

K.-D. Opp: *Abweichendes Verhalten und Gesellschaftsstruktur.* Darmstadt/Neuwied 1974.

V. Packard: *Die geheimen Verführer.* (1973).

B. Pauleikhoff u. D. Hoffmann: *Diebstähle ohne Bereicherungstendenz als psychopathologisches Syndrom.* In: *Fortschritte Neurologie, Pscychiatrie und ihrer Grenzgebiete 43* (1975), S. 254.

U. Peters u. I. Ford-Läufer: *Untersuchungen zur forensischen Bedeutung der psychomotorischen Epilepsie.* In: *Deutsche Zeitschrift für die gesamte gerichtliche Medizin 64* (1968), S. 173–185.

Ph. Pinel: *Philosophisch-medizinische Abhandlung über Geistesverwirrungen oder Manie.* Deutsch von W. Wagner. Wien 1801.

H. Popitz: *Über die Präventivwirkung des Nichtwissens.* In: *Dunkelziffer, Norm und Strafe, Recht und Staat.* Heft 350. Tübingen 1968.

E. Preiser: *Probleme der Wohlstandsgesellschaft.* In: Bayerische Akademie der Wissenschaften. Philosophisch-Historische Klasse. Sitzungsberichte 1964. Heft 7. München 1964.

St. Quensel: *Delinquenzbelastung und soziale Schicht bei nichtbestraften männlichen Jugendlichen.* In: *Monatsschrift für Kriminologie und Strafrechtsreform 54* (1971), S. 236.

St. Quensel: *Wie macht man Kriminelle?* Gutachten über die Arbeit des Kuratoriums zur Bekämpfung der Wohlstandskriminalität. In: Kriminalistisches Jahrbuch(1978), S. 20.

St. Quensel: *Chromosomenaberration und Zwangspsychopathische Kleptomanie: Zur Problematik eines biologischen Ansatzes.* In: *Monatsschrift für Kriminologie und Strafrechtsreform 59* (1976), Heft 4, S. 223–229.

A. Rangol: *Der Diebstahl im Rahmen der Gesamtkriminalität.* In: *Wirtschaft und Statistik* (1971), S. 224–228.

A. Rangol: *Geschlecht und Alter der Diebe und ihre Bestrafung.* In: *Wirtschaft und Statistik* (1971), S. 344–351.

W. Rasch u. U. Petersen: *Kriminalität innerhalb endogen-phasischer Depressionen.* In: *Monatsschrift für Kriminologie und Strafrechtsreform 48* (1965), S. 187–197

H. Rennert: *Neue Gesichtspunkte zur Problematik sogenannter Monomanien, insbesondere vom jugendpsychiatrischen Standpunkt.* In: *Wissenschaftliche Zeitschrift der Universität Halle, Math.-Nat. VIII/3, Habil.-Vorlesung 28.11.58.*

H. Rennert: *Das Wegnehmen und Stehlen bei Kindern und Jugendlichen und die Kleptomanie.* In: *Psychiatrie.* Leipzig 9 (1957).

H. Rennert: *Stehlhandlungen bei epileptoiden Personen.* In: *Zeitschrift für menschl. Vererbung u. Konstitutionslehre Bd. 34* (1958)

D.C. Renshaw: *The hyperactive Child.* Chicago 1974.

Ritzel: *Untersuchungen zur Altersdelinquenz.* In: *Monatsschrift für Kriminologie und Strafrechtsreform 55* (1972), S. 345.

D. Rössner: *Strafrechtsreform durch partielle Entkriminalisierung.* In: *ZRP* (1976), S. 141 ff.

B. Ruch: *Medizinische Untersuchungen und Beobachtungen über die Seelenkrankheiten.* Deutsch von G. König. Leipzig 1825.

P. Rust: *Ladendiebstahl.* Bern 1972.

P. Rust: *Ladendiebstahl und „Selbstjustiz".* Züricher Beiträge zur Rechtswissenschaft. Neue Folge. Band 399. Zürich 1972.

F. Schaffstein: *Die Jugendkriminalität in der industriellen Wohlstandsgesellschaft.* In: *Monatsschrift für Kriminologie und Strafrechtsreform 48* (1965), S. 53.

D. L. Scharmann: *Konsumverhalten von Jugendlichen.* München 1965.

P. Scherre: *Apparitions tardives de troubles psychosensoriels et syndrome parkinsonien chez une kleptomane 20 fois condamnée.* In: *Annales médicales psychologiques 96* (1938), S. 85–95.

M. Scheuch: *Diebstahlssicherheit von Verpackungen.* In: *Selbstbedienung und Supermarkt* (1974), S. 15 ff.

E.-D. Schlöpke: *Ladenklaueree.* In: *„Schleswig-Holstein"*-Zeitschrift 5 (Husum 1981).

B. Schmechtig: *Personaldelikte.* Marburg 1982. *(= Krim. Wiss. Studien Bd. I).*

G. Schmidt: *Der Stehltrieb oder die Kleptomanie.* In: *Zentralblatt für die gesamte Neurologie und Psychiatrie 92* (1939).

G. Schmidt: *Zur Kasuistik der Kleptomanie.* In: *Monatsschrift für Kriminalogie und Strafrechtsreform 30* (1939), S. 460–470.

E. Schmidthäuser: *Freikaufverfahren mit Strafcharakter im Strafpro-zeß?* In: *Juristische Zeitschrift* (1973), S. 529 ff.

H. Schneider: *Ein Kleiderfetischist.* In: *Pitaval der Gegenwart 1* (1904), S. 327.

K. Schneider: *Die Beurteilung der Zurechnungsfähigkeit.* 4. Aufl. Stuttgart 1961.

K. Schneider: *Die psychopathischen Persönlichkeiten.* 3. Aufl. Leip-zig/Wien 1934. In: *Zentralblatt für die gesamte Neurologie und Psychiatrie 141* (1932), S. 360.

A. Schoreit: *Der im Zusammenhang mit dem Alternativentwurf eines Strafgesetzbuches vorgelegte Entwurf eines Gesetzes gegen Laden-diebstahl (AE-GLD), im Licht der Kriminalstatistik 1974 und mo-derne Opferforschung.* In: *Juristische Zeitschrift* (1976), S. 49 ff. Zit. 1976 a.

A. Schoreit: *Strafrechtlicher Eigentumsschutz gegen Ladendiebe.* In: *Juristische Zeitschrift* (1976). S. 167. Zit. 1976 b.

A. Schoreit: *Problem Ladendiebstahl.* In: Kriminalistik, Wissen-schaft und Praxis, Heidelberg 1979.

O. Schrappe: *Das hypoglykämische Syndrom (Forensisch psychia-trisch u. psychopathologischer Beitrag).* In: *Fortschritte Neurologie Psychiatrie* (1963), S. 23–48.

H.-J. Schumann: *Entschuldbare Eigentumsdelikte.* Hamburg 1975. *(= Kriminologische Schriftenreihe Bd. 60.)*

W. Schulte: *Zur strafrechtlichen Verantwortlichkeit des Epileptikers im Anfallsintervall.* In: *Nervenarzt 28* (1957)

H. Séguier: *Revue historique de la notion de kleptomanie.* Teil I und II. In: *L'Éncephale 55* (1966), 337–369.

F. J. Siebenhaar: *Stehlsucht.* In: *Encyklopädisches Handbuch der ge-richtlichen Arzneikunde 1* (1938) S. 561; 2 (1940), S. 581.

C. W. Socarides: *Stealing as a reparative move of the ego.* In: *Psy-cho-Analyt. Review. 41* (1954), S. 240.

W. Solms: *Zur Frage der Monomanien. II. Dipsomanie, Kleptoma-nie, Pyromanie.* In: *Zeitschrift für Nervenheilkunde 11* (1955), S. 165–195.

B.-R. Sonnen: *Die Folgen einer Entkriminalisierung des Ladendieb-stahls für Jugendliche.* In: *Zentralblatt für Jugendrecht und Jugend-wohlfahrt 63* (1976), S. 369.

R. Sorel: *De la kleptomanie.* In: *Annales Médicales lég. etc. 7* (1927), S. 433.

W. Springer: *Kriminalitätstheorien und ihr Realitätsgehalt. Eine Sekundäranalyse amerikanischer Forschungsergebnisse zum abweichenden Verhalten.* In: *Kriminalität und ihre Verwalter Nr. 2.* Hrsg. von D. Peters und H. Peters. Stuttgart 1973.

W. Staak: *Wie wird eine Großstadt mit der Wohlstandskriminalität fertig?* In: *Wohlstandskriminalität – Die neue Herausforderung.* Hrsg. von W. Kerber. Zürich 1972.

Statistisches Bundesamt (Hrsg.): *Statistische Jahrbücher für die Bundesrepublik Deutschland.*

Statistisches Landesamt Berlin (Hrsg.): *Statistische Jahrbücher Berlin*

W. Stekel: *Störungen des Trieb- und -Affektlebens.* Berlin/Wien 1922.

G. Steinhilper: *Arbeitslosigkeit und Kriminalität. Läßt sich ein Zusammenhang statistisch belegen?* In: Kriminalistik (1976), S. 385.

W. K. Sterling: *Einkaufswagen mit Taschenfach-Diebstahlsquote gesenkt?* In: Selbstbedienungs-Warenhaus-Information (1975), Heft 6.

H. A. van de Sterren: *Onbewusstes drifveeren bij het stelen.* In: *Ned. Tijdschr. Geneesk 90* (1946), S. 289–291.

E. Straus: *Vom Sinn der Sinne.* 2. Aufl. Berlin 1956.

E. Straus: *Aufrechte Haltung.* In: *Monatsschrift für Psychiatrie 117* (1949), S. 1–22.

F. Sturm: *Actio furti renata.* In: *Deutsche Richter-Zeitung* (1975), S. 272.

H. Stutte: *Das Blutzuckermangel-Syndrom in seiner forensischen Bedeutung.* In: *Monatsschrift für Kriminologie und Strafrechtsreform 48* (1965), S. 67–68.

G. Stuttinger: *Diebstahl.* In: *Handwörterbuch der Kriminologie.* Hrsg. von R. Sieverts. 2. Aufl. Berlin 1966.

H. Tegel: *Der Ladendiebstahl. Außergewöhnliche Tätertypen.* In: *Kriminalistik* (1963), S. 203.

H. Tegel: *Ladendiebstahl als Beruf.* In: *Arch.Krim.* (1963), 36 ff.

H. Tegel: *Der Ladendiebstahl als internationales Problem.* In: *Kriminalistik* (1962), S. 124.

R. Tessmann: *Wer bezahlt den Ladendiebstahl?* In: *Fortschritt im Betrieb.* Schriftenreihe der BAG. Bericht über die 20. Betriebswirtschaftliche Arbeitstagung. Baden-Baden 1973.

H. M. Tiebout: *On pathological Stealing.* In: *American Journal of Psychiatry 9* (1939), S. 817–824.

K. Tiedemann: *Welche strafrechtlichen Mittel empfehlen sich für eine wirksamere Bekämpfung der Wirtschaftskriminalität?* Gutachten C zum 49. Deutschen Juristentag (1972).

H. B. Thiekötter: *Die psychologische Wurzel und strafrechtliche Bewertung von Warenhausdiebstählen.* Diss. jur. Köln 1933.

N. Tinbergen: *Instinktlehre: Vergleichende Erforschung angeborenen Verhaltens.* Berlin/Hamburg 1952.

J. Wagner: *Staatliche Sanktionspraxis beim Ladendiebstahl.* Göttingen 1979.

J. Wagner: *Ladendiebstahl – Wohlstands- oder Notstands-Kriminalität.* Heidelberg 1979.

T. Wälde: *Schadenersatz gegen Vorsorgekosten beim Ladendiebstahl.* In: *Neue Juristische Wochenschrift* (1972), S. 2295 ff.

D. Weickmann: *Ladendiebe wider Willen – Die Kleptomanie: Suchtkrankheit oder Symptom einer Neurose?* In: *DIE ZEIT Nr. 10* (1990), S. 96.

H. J. Weinberg: *The Sociology of Mental Disorders.* Chicago 1967.

K. Weisenberger: *Die Erfahrung in der Bekämpfung des Ladendiebstahles.* In: *BAG-Nachrichten 12* (1975), S. 15 ff.

P. H. Wender: *Minimal Brain Dysfunction in Children.* New York 1971.

D. Wenko: *Diebe und Einbrecher. Versuch einer deliktspezifischen Analyse abweichenden Verhaltens.* In: *Monatsschrift für Kriminologie und Strafrechtsreform 59* (1976), S. 282.

W. Wichmann: *Zur Problematik des Ladendiebstahls und seiner Ahndung.* In: *Verbrauchermarkt-Information* 1972.

Wimmer: *De la kleptomanie au point de vue médico-legal.* In: *Annales médicales-psychologiques 79* (1921), S. 211.

F. Wittels: *Some remarks on kleptomanie.* In: *Journal nerv. ment. Dis. 69* (1929), S. 241–251.

H. Witter u. R. Luthe: *Psychiatrie und Strafrecht.* In: *Medizinische Welt 25.* Neue Folge (1974), S. 1101–1105.

C. Wollschläger: *Schadensersatzhaftung von Ladendieben.* In: *Neue Juristische Wochenschrift* (1976), S. 12 ff.

Th. Würtenberger: *Versuch einer Typisierung jugendlicher Rechtsbrecher.* In: *Jugendkriminalität.* Hrsg. F. Schneider. Salzburg 1952. S. 67.

J. Wyrsch: *Gerichtliche Psychiatrie.* 2. Aufl. Bern 1955. S. 24 ff. und S. 204 ff.

E. Zahn: *Soziologie der Prosperität*. Köln/Berlin 1960.

L. R. Zeitlin: *A little larceny can do a lot for employee morale*. In: *Psychology Today* (1971), S. 137 ff.

Zimmerer: *Unternehmerisches Verhalten bei schlecht funktionierender Justiz*. In: Neue Betriebswirtschaft (1965), S. 97 ff.

H. Zipf: *Kriminalpolitische Überlegungen zum Legalitätsprinzip*. In: Festschrift für K. Peters (1974), S. 487 ff.

2. Literatur zum allgemeineren Verständnis dieses Problemkreises

C. Amelunxen: *Die Kriminalität der Frau*. Hamburg 1958.

F. Arnau: *Jenseits der Gesetze. Kriminalität von den biblischen Anfängen bis zur Gegenwart*. München 1966.

M. Bachet: *Les encéphaloses criminogénes*. Paris 1950.

B. Ball: *Leçons sur les maladies mentales*. Paris 1988.

W. Beulke: *Vermögenskriminalität Jugendlicher und Heranwachsender*. In: *Kriminologische Studien*. Bd. 20. Hrsg. von Schaffstein/Schüler-Springorum. Göttingen 1974.

H. Bochnik, H. Legewie, P. Otto u. G. Wüster.: *Tat, Täter, Zurechnungsfähigkeit*. Stuttgart 1965.

W. de Boor: *Über motivisch unklare Delikte*. Berlin/Göttingen/Heidelberg 1959.

W. de Boor: *Obsessionsdelikte. Tiefenmotive bei Eigentumsdelinquenz*. Basel 1980.

A.-E. Brauneck: *Allgemeine Kriminologie*. Hamburg 1974.

P. H. Bresser u. A. Langelüddeke: *Gerichtliche Psychiatrie. 4. Aufl.* Berlin 1976.

J. M. Burchard: *Lehrbuch der systematischen Psychopathologie*. Band I und II. Stuttgart-New York 1980.

B. Dukor: *Forensische Psychiatrie für Gutachter*. In: *Bulletin des Eidgenössischen Gesundheitsamtes* Nr. 8. 1953.

G. Eisen,: *Handwörterbuch der Rechtsmedizin für Sachverständige und Juristen*. Stuttgart 1973.

F. Exner: *Kriminologie. 3. Aufl.* Berlin/Göttingen/Heidelberg 1949.

O. Fenichel: *The psychoanalytic theory of neuroses*. New York 1945.

U. Füllgrabe: *Kriminalpsychologie*. Stuttgart 1983.

S. E. Glueck: *Physique and Delinquency*. New York 1956.

H. Göppinger: *Kriminologie. 3. Aufl.* München 1976.

H. W. Gruhle: *Verstehende Psychologie*. Stuttgart 1956.

K. Jaspers: *Allgemeine Psychopathologie. 9. Aufl.* Berlin/Heidelberg/New York 1965.

E. Kraepelin: *Psychiatrie, ein Lehrbuch*. Bd. IV. 8. Aufl. Leipzig 1915.

R. v. Krafft-Ebing: *Lehrbuch der gerichtlichen Psychopathologie.* 3. Aufl. Stuttgart 1982.

E. Kretschmer: *Medizinische Psychologie.* 4. Aufl. Leipzig 1930. 10. Aufl. Stuttgart 1950.

W. L. Neustatter: *Psychological Disorder and Crime.* London 1955.

W. Rasch: *Forensische Psychiatrie.* Stuttgart 1986.

L. Röhrich: *Lexikon der sprichwörtlichen Redensarten.* Freiburg 1973.

Ch. Scharfetter: *Allgemeine Psychopathologie.* Stuttgart 1976

K. Schneider: *Klinische Psychopathologie.* 5. Aufl. Stuttgart 1959.

Schwarzbuch zum Ladendiebstahl. Hrsg. vom Kuratorium zur Bekämpfung der Wohlstandskriminalität o. J.

W. H. Sheldon: *Varieties of Delinquent Youth.* New York 1949.

G. E. Störring: *Besinnung und Bewußtsein.* Stuttgart 1953.

M. Tramer: *Lehrbuch der allgemeinen Kinderpsychiatrie. 2. Auflage,* Basel 1945.

D. P. Walsh: *Shoplifting.* London 1978.

H. Witter: *Grundriß der gerichtlichen Psychologie und Psychiatrie.* Heidelberg-New York 1970

R.-D. Zöllner: *Der Ladendiebstahl als betriebswirtschaftliches Problem.* Köln 1977.

H. Zulliger: *Über symbolische Diebstähle von Kindern und Jugendlichen.* Institut für Psychohygiene. Biel 1950.